W0393592

Genießen wie Goethe

Kräuter und Gemüse aus des Dichters Zeit

Genießen wie Goethe

Kräuter und Gemüse aus des Dichters Zeit

präsentiert vom Thüringen Journal des Mitteldeutschen Rundfunks

THÜRINGEN JOURNAL

mdr
MITTELDEUTSCHER RUNDFUNK

HamppVerlag

Vorwort

Wir freuen uns, Ihnen nach unserem ersten Kochbuch „Kulinarischer Streifzug durch Thüringen" nun einen zweiten Band präsentieren zu können.

„Genießen wie Goethe" ist eine Sammlung von Rezepten mit fast vergessenen Gemüsen, Kräutern und Gewürzen: eine wahre Fundgrube für Gourmets und auch für die Verfechter guter Hausmannskost, für Thüringer und unsere Gäste. Die Rezepte wurden mit Hilfe alter Koch- und Gartenbücher zusammengestellt. Auch Goethes Überlieferungen, seine Briefe und Tagebücher sowie die Mitteilungen seiner Bediensteten flossen in die umfangreichen Recherchen ein.

Wir möchten Ihnen hiermit ein Buch vorstellen, das Ihnen Goethe auf etwas andere Art nahebringen will. Ein Goethe, der Ihnen als Botaniker, als Kenner der Küche und Liebhaber guter Speisen begegnet.

Wir möchten Ihnen, im wahrsten Sinne des Wortes, Gemüse und Kräuter seiner Zeit schmackhaft machen. Denn es geht auch um die Renaissance eines längst vergessenen „guten Geschmacks". Oder, um es mit Goethe selbst zu sagen: „Was du ererbt von deinen Vätern hast, erwirb es, um es zu besitzen."
(Goethe, Faust I)

Ich wünsche Ihnen viel Freude beim Entdecken einer fast unbekannten Seite der Geschichte Thüringens.

Prof. Kurt Morneweg
Direktor MDR LANDESFUNKHAUS THÜRINGEN

Inhalt

Goethes Hausgarten zu Weimar
kolorierter Stich von Eduard Lobe, um 1825

Einleitung

„Man ist, was man isst"

Die Frage nach optimaler Ernährung und gesunden Nahrungsmitteln ist nicht erst in unserer Zeit von Bedeutung. Schließlich sagt der Volksmund zu Recht: „Man ist, was man isst." Aber haben sich unsere Vorfahren natürlicher und somit besser ernährt? Welche Gemüse und Kräuter verwendeten sie in der Küche? Welche sind heute in Vergessenheit geraten? Und wie finden wir Zugang zu diesem Wissen vergangener Zeiten?

Solche und viele weitere Fragen haben uns dazu bewogen, dieses Buch zu schreiben. Ausschlaggebend waren nicht nur die eigenen Erinnerungen an Rezepte und Hausmittel der Urgroßmutter, es waren auch die Gespräche mit der Thüringer Gärtnerin Gertraud Aepfler, die über viele Jahre Goethes Gärten betreute, sowie Stapel von Papier – allesamt Recherchen aus Archiven, historischen Garten- und Kochbüchern. Fündig wurden wir auch in Briefen, Tagebüchern und Haushaltsakten des Dichters und Geheimen Rates Johann Wolfgang von Goethe, dessen 250. Geburtstag im Jahre 1999 gefeiert wird und dessen Name untrennbar mit Thüringen und Weimar verbunden ist. Goethes umfangreiche Aufzeichnungen lassen noch heute Rückschlüsse auf alltägliche Gepflogenheiten einer vergangenen Epoche zu. Hierbei geht es um Gemüse und Kräuter in Garten und Küche, um ihre Verwendung als Haus-, Heil- und Hilfsmittel wie auch um das Bewirten von Gästen in Goethes Zeiten.

Schon vor 200 Jahren war eine große Vielfalt und gesunde Abwechslung in der Küche geboten. Die Thüringer Küche beinhaltete weitaus mehr als nur Bratwurst und Klöße, wussten doch unsere Vorfahren schon um die Verwendung von Sauerampfer, Pastinake, Portulak, Brennnessel und Mangold für Speisen oder als Heil- und Hausmittel.

Gemüse und Kräuter aus Goethes Zeiten wieder zu entdecken und in die heutige Esskultur zu integrieren ist unser Anliegen. Es soll ein Anfang sein – längst nicht umfassend, aber einführend in ein besonderes Kapitel unserer Alltagsgeschichte.

Noch werden Sie die hier vorgestellten Gemüse nicht überall kaufen können. Fragen Sie einfach bei Gärtnern und Bauern in Ihrer Region nach oder bauen Sie sie im Garten, in Kübeln und Balkonkästen selbst an. Es lohnt sich! Denn nicht nur in Spitzenrestaurants werden diese „völlig neuen Geschmackserlebnissen" gefeiert. Gebleichter Löwenzahn, frischer Sauerampfer und Bärlauch finden auch in der häuslichen Küche immer mehr Anhänger.

Ein herzliches Dankeschön gilt allen Menschen, die uns hilfreich zur Seite standen, ganz besonders Wolfgang Heikel, Küchenmeister im Weimarer Hotel „Dorotheenhof", der alle Rezepte zusammenstellte und ausprobierte.

Wir wünschen Ihnen viel Freude, Entspannung und Inspiration beim Lesen, Gärtnern, Kochen und Ausprobieren.

Herzlichst

Carola Sedlacek
Blanka Weber

Gemüse und Kräuter

aus Goethes Zeit

Carola Sedlacek

Von allerlei Küchengewächsen

Wer glaubt, das heutige Gemüse- und Kräuterangebot sei an Reichhaltigkeit nicht zu überbieten, dem dürften beim Blättern in Garten-, Hauswirtschafts- und Küchenbüchern aus Goethes Zeit alsbald Zweifel kommen.

Johann Wolfgang von Goethe
Ölgemälde von Angelika Kauffmann, 1787/88

Allein an Rüben- und Wurzelgemüse stand damals eine ganze Palette bereit, darunter solch vergessene Genüsse wie Kerbelrüben, Rüben der Rapunzelglockenblume und des Sauerklees, Pastinaken oder Rapontika. Etwa fünfzig verschiedene Kohlsorten – so wird geschätzt – wurden bis in die zweite Hälfte des 19. Jahrhunderts in Gärten, auf Krautländern und Feldern angebaut.
Ähnlich vielfältig waren die in Gärten kultivierten Sorten von Sommer- und Wintersalaten. Man unterschied zwischen Kopf-, Schnitt- und Bindsalaten. Vielerorts nannte man Gartensalat gemeinhin Lattich (lat. Lactuca).
Als gesundes Salatgemüse galten daneben Portulak und Winterportulak, Rauke, Sauerampfer, Eis- und Löffelsalat sowie Feldsalat (Rapünzchen). Auch die verschiedenen Kressearten zählten dazu.
Nicht zu vergessen die Küchen- und Heilkräuter, von denen es in einem „wohlsortierten" Küchengarten über vierzig verschiedene Arten (siehe S.44) gab. Die Trennung in Küchen- und Heilkräuter war nicht so streng wie heute. Vermutlich wusste man wie schon Karl der Große: „Was dem Arzt nützt, den Koch erfreut."

Vor 200 Jahren wuchsen auch Kulturpflanzen im natürlichen Rhythmus des Jahreslaufes. Ihr Gedeihen war von Klima- und Bodenbeschaffenheit einer Region, ganz entscheidend aber vom Wettergeschehen abhängig.

Demzufolge hatte jede Gegend ihre eigenen „Landsorten" an Obst, Gemüse, Zierpflanzen und Kräutern. Besonders die Fülle von Namen für ein und dieselbe Pflanze verweist darauf. So erreichten Teltower Rübchen ihre Güte nur im Sand der Mark Brandenburg, Meerkohl seine besondere Qualität ausschließlich im salzhaltigen Boden der Nordseeküste. Im Thüringer Wald mit seinen kargen Böden und dem rauhen Klima kamen dagegen nur wenige Gemüse zur Reife.
Auch existierten unzählige Gemüsesorten über Jahrhunderte nebeneinander, viele davon lediglich auf einen Landstrich begrenzt. Eine Konkurrenz mit besseren Sorten aus anderen Gebieten bestand kaum, da die damaligen Verkehrsverhältnisse Transporte leicht verderblicher Frischgemüse in die Ferne noch nicht zuließen.

Frische Gemüse und Kräuter indes fanden in allen Regionen zu ihren natürlichen Erntezeiten Verwendung. Jede Jahreszeit hatte ihre Garten- und Feldfrüchte, jedes Gemüse seine Zeit. Wurden sie zu früh oder zu spät geerntet, galten sie als „unzeitig" und waren von geringerem Geschmack. Fiel eine Ernte wegen Unwetter, Trockenheit oder Schädlingsbefall aus, war sie durch Importe nicht zu ersetzen. Missernten führten so zwangsläufig zu Hungersnöten.

Bis zum Ende des 18. Jahrhunderts versorgte sich der weitaus größte Teil der Bevölkerung, vor allem auf dem Lande, zumeist selbst. Kaum einer verfügte über ausreichend Bargeld, um Nahrungsmittel zu kaufen. Fast alle aber besaßen ein Fleckchen Erde als Küchengarten. Was Klima und Boden erlaubten, wuchs dort meist auf engem Raum nebeneinander: Die Samen und Pflanzen zog man selbst, man tauschte sie mit Nachbarn oder holte sie aus der freien Natur. Den Dünger lieferte das Vieh.

Das Wissen um den richtigen Anbau beruhte auf Naturkenntnis und gesundem Menschenverstand und wurde über Generationen weitergegeben.

„Kalte Küche"
Schloss Tiefurt

Im 19. Jahrhundert – noch zu Goethes Lebzeiten – war Selbstversorgung, zumindest in den rasch anwachsenden Städten, nicht mehr möglich. Der Wohlstand der Bürger stieg, und es entstand eine erhebliche Nachfrage nach käuflichen Lebensmitteln. Aus diesem Grund bauten zumeist Kleinbauern einheimisches „Grobgemüse" in den Randzonen der Städte an und verkauften ihre Produkte direkt an den Verbraucher. Damit schlug die Geburtsstunde des erwerbsmäßigen Gemüseanbaus in größerem Umfang.

Um 1800 kam der schon früher betriebene Feingemüseanbau um Erfurt zu neuer Blüte. In den fruchtbaren Niederungen wuchsen Blumenkohl (1820 gab es zwölf Lokalsorten), Kopfsalat, Kohlrabi, Gurken, Spargel, Artischocken und vor allem Kulturbrunnenkresse. Der erste Erfurter Samenkatalog erschien bereits 1788. Daneben entstanden „Kunst- und Handelsgärtnereien", die sich auf Zucht und Vertrieb von Nutz- und Zierpflanzen, Samen und Jungpflanzen spezialisierten. Dort zog man in Mistbeeten und Gewächshäusern Frühgemüse und brachte „Fremdlinge" auf den Markt. Die territoriale Abgeschlossenheit löste sich auf: Gemüse begann zu „wandern".

„Kalte Küche"
Schloss Tiefurt

Vom Gebrauch der Küchengewächse

Nicht Wunsch und Geschmack allein bestimmten zu Goethes Zeit, wem welche Gemüse zu welcher Jahreszeit zu Gebote standen. Wie in allen Lebensbereichen, so herrschten auch bei Essgewohnheiten, Tafelsitten, Nahrungsmitteln und der Zubereitung von Speisen starke soziale und territoriale Unterschiede.

Südfrüchte, unter Glas gezogene Frühgemüse sowie seltene, aus der Ferne kommende Gemüse waren ebenso dem Adel und reichen Bürgern vorbehalten wie Hochwild, Zuchtfische, ausländische Delikatessen und Weine. In Häusern mit Bediensteten war die Trennung in Herren- und Gesindetische üblich. Feine Gemüse galten als Herrenessen, grobe für das Gesinde tauglich. Waren die Grenzen auch fließend, so war die feine französische Küche doch die der „naschhaften Reichen", bodenständige regionale Küchen hingegen galten als die der mittleren Stände und des "gemeinen Mannes".
Ausgeprägt war zu Goethes Zeit auch der Unterschied zwischen Alltagskost und Festessen. Jeden Tag ein wohlanständiges Mahl, von Zeit zu Zeit ein Gastmahl, war die Regel. Dem Alltag waren kräftige, einfache, dem Festessen seltene und aufwendig zubereitete Speisen vorbehalten.

Sieht man von Höfen, adligen Häusern und denen reicher Bürger in großen Städten ab, gebrauchten Hausmütter und Köchinnen hauptsächlich einheimische und saisonale Erzeugnisse. Es gab typische „Frühjahrsessen", natürlich auch solche für Sommer, Herbst und Winter, traditionelle Festspeisen und Fastengerichte. Hatte ein Gemüse „seine Zeit", stand es häufig auf dem Tisch. Der Phantasie der Köchin oblag dann die abwechslungsreiche Zubereitung. Das erklärt vermutlich die Fülle von Rezepten für einzelne Gemüse.
Bemerkenswert waren auch die regionalen Unterschiede: Im Thüringer Wald – dort waren Kartoffeln seit dem Siebenjährigen Krieg „zwangseingeführtes" Hauptnahrungsmittel – gab es unzählige Kartoffelrezepte. In Kochbüchern aus Bayern hingegen sucht man Kartoffelrezepte zu dieser Zeit vergebens.

Von allerlei Vorratshaltung

Eiskeller
aus „Goldgrube für Hausväter und Hausmütter", 1795

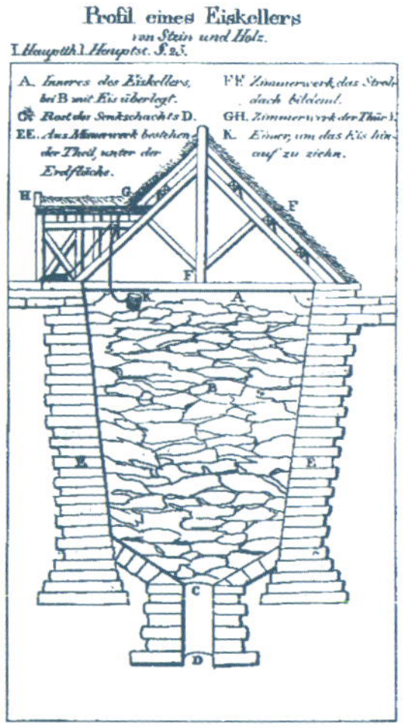

„Benutze alles, laß nichts umkommen", hieß es zu Goethes Zeit. Es galt, den Überfluss an Obst, Gemüse und Kräutern zu ihren „natürlichen Zeiten" nicht verderben zu lassen und für die „kargen" Zeiten zu bewahren.
Das Haltbarmachen von Lebensmitteln war vor 200 Jahren noch sehr zeit- und arbeitsaufwendig. Wie heute – allerdings ohne die modernen Hilfsmittel – wurde Gemüse in Essig und süßsauer eingelegt. Allerlei ließ sich in „Bouteillen einmachen", einsalzen und auch trocknen. In Fässern und Steintöpfen vergärten die Hausfrauen damals Kohl, gehobelte Rüben, Kürbisse und – als besonders

delikate Herrenspeise – Mai- oder Herbstrübchen. Wurzelgemüse kam in Sand und wurde im Freien eingemietet. Besondere Mühe erforderte es, Frischgemüse haltbar zu machen. Kopf- und Bindesalate, Blumen- und Sprossenkohl sowie Brokkoli wurden mitsamt der Wurzel ausgegraben und in einem Sand-Erde-Gemisch an einem frostfreien Ort wochenlang frisch gehalten. Wohlhabenden Familien stand zum Frischhalten der Lebensmittel oftmals ein Eiskeller zur Verfügung: „Man versteht darunter einen Keller, der im Winter mit Eis angefüllt wird." Das Eis dieser Lagerstätte wurde im Sommer zum Frischhalten von Lebensmitteln gebraucht.

Kräuter wurden getrocknet, eingesalzen oder in Töpfen mit Fett übergossen aufbewahrt. Sie wurden zu Essenzen, Saft und Sirup verarbeitet oder in Töpfen frisch über den Winter gebracht. Schließlich durften Kräuter zu keiner Jahreszeit fehlen, waren sie in der Küche zum Würzen, Aromatisieren und Haltbarmachen von Lebensmitteln doch unentbehrlich. Man kannte die Eigenschaften von Kräutern, ordnete ihnen Tugenden und Temperamente, Bann- und Zauberkräfte zu. Sie waren zugleich Haus-, Heil- und Hilfsmittel für Mensch und Tier, Schmuck- und Duftpflanzen, „Pflanzendoktor" sowie Dünger für Garten und Blumentöpfe. Um Schädlinge zu vernichten, als Schönheits- und Räuchermittel kamen sie zum Einsatz, aber auch als Zutat zur Bereitung von Wein und Bier.

Von Gemüsen und Kräutern in Haus und Garten des Geheimen Rates von Goethe

Welche Gemüse auf Goethes Tisch standen, in seinen Gärten angebaut oder gekauft wurden, ist in Tagebüchern, Briefen und Berichten von Zeitgenossen, vor allem jedoch in Haushaltsaufzeichnungen nachzulesen.[1] Von Jahr zu Jahr verschieden standen die Ausgaben für Gemüse unter „Küche", „Gemüs", „Suppenzeug" oder „Der Köchin Marktgeld und Auslagen" zu Buche. Zudem sind einzelne Küchenbücher überliefert, in denen vor allem die Köchin Einkäufe, Vorräte und sogar einzelne Gerichte notierte. Als Goethes Sohn August der Hauswirtschaft vorstand, oblag dessen Frau Ottilie die Führung des Küchenbuches.[2] Aber auch Einzelrechnungen – etwa von Speisewirten und Gärtnern – können als Quellen zu Rate gezogen werden.

Ottilie von Goethe (1796–1872)
Ehefrau von August von Goethe, undatiert

Aus alldem ist ersichtlich: Gemüse, darunter Edel- und Frühgemüse, waren täglich auf Goethes Tisch. Wie andere Nahrungsmittel, Delikatessen und Luxusgüter auch standen sie ihm aufgrund von Stellung, Amt und Vermögen jederzeit zu Gebote. Die Küche seines Hauses war die vermögender Bürger, wohl mit einem stark thüringischen Einschlag. Schließlich waren Kuchenschatz Christiane und sämtliche Köchinnen waschechte Thüringerinnen. Aristokratisch war Goethes Küche auch, in Sonderheit nach 1820, als die Goethes ein großes Haus führten und Gäste in großer Zahl großzügig bewirten ließen. Freilich gab es auch Alltagsessen: Speiserechnungen, erstellt während der Jenaer Arbeitsklausuren des Dichters, z. B. 1810, nennen etwa „Salat von Rabontica", „Kartoffelsalat mit Rapünzchen" oder „Salat von Hopfenkeimchen".

Anhand von Ausgabenbüchern lässt sich auch im Hause

Goethe die zeittypische Trennung in „Tisch des Herrn" und „Gesinde" belegen. Während der Salat Goethes mit „Provenceröl" – teurem Olivenöl – bereitet wurde, kam zum „Salat der Leute" einheimisches Öl. Edles und Frühgemüse waren allein dem herrschaftlichen Tisch vorbehalten.

Für Herr- und Dienerschaft gleichermaßen verwendete man in Goethes Küche vorrangig Gemüse der Jahreszeit. Im Januar 1779 lieferten Gärtner allerlei Wurzelgemüse und Kohl. Im Juni des gleichen Jahres waren es Schalotten, Blumen- und Blattkohl, Gurken, Gartenbohnen und Salat sowie Kohlrabi, Zuckerschoten, Karotten und Spinat. Auch Christiane kaufte Gemüse: Im März und April eines jeden Jahres besorgte sie regelmäßig Hopfenkeimchen und vor der eigenen Ernte die im goetheschen Hause begehrten „Spargeln". Im Mai erschienen Morcheln und Sauerampfer auf der Einkaufsliste und im September Schwarzwurzeln.

Weitere Gemüse standen zu Christianes Zeit selten zu Buche, lieferte der „alte" Garten im Park und jener am Frauenplan doch Gemüse und Kräuter in Hülle und Fülle.[3] Samen und Pflanzen besorgte Goethe oft selbst, und auch die Mutter sandte Mais zur Aussaat, „Rapunzeln mit Wurzeln" und Artischockenpflanzen. Ein Krautland, günstig am Flüsschen Lotte gelegen, versorgte den großen Haushalt mit Kartoffeln und Grobgemüse. Von 1798 bis 1803 schließlich besaß Goethe das Gut Oberroßla. Auch von dort kamen verschiedene Landwirtschaftserzeugnisse nach Weimar. Unterstützt von Dienstboten und Gärtnern wurden die

Mais-Keimpflanze

Goethes Wohnhaus am Frauenplan
Stich von Rösel, 1806

Gärten von Christiane mit Herz und Verstand betreut. Häufig erwähnten sie und ihr „lieber Geheimrat" Gartenarbeiten und Gemüse in ihren Briefen.[4] Nach dem Tod seiner Mutter Christiane beaufsichtigte August von Goethe das Gartenanwesen. Zu seinen Liebhabereien gehörte die Spargelzucht. So lieferte ein Jenaer Gärtner im März 1821 700 zweijährige Spargelpflanzen. Vater und Sohn lasen beide den „Ulmer Spargelgärtner", ein damals vortreffliches Fachbuch.

Herrn von Goethe stand es zu, Gemüse aus den „Erd- und Glashäusern" der Hofgärtnerei in Belvedere zu kaufen. Hofgärtner Herzog lieferte sommers Artischocken, Champignons und Melonen, zu Weihnachten Blumenkohl. Im Februar 1829 kamen z. B. auch Cardy, junge Kohlrabi, Salat und Spargel ins Haus, im November 1829 Mangold, Spargelkohl (Brokkoli), Salat und Rosenwirsing. Waldbeeren, Pilze und Kräuter wurden von Kräuterfrauen und „Wäldlern" zu allen Zeiten frei Haus geliefert.

Früher war es üblich, sich gegenseitig mit Gartenprodukten zu bedenken. Goethe frönte dieser Leidenschaft ausgiebig. Von unterwegs sandte er transportfähige Köstlichkeiten wie Trüffel, Schwämme und Maronen nach Hause. Arbeitete er in Jena, brachten Botenfrauen Erdbeeren, Pfirsiche, Kirschen, Melonen, „gute Birn" und Quitten nach Hause. Von dort wiederum wanderten

Gemüse aus den heimischen Gärten retour. Die Mutter, später Freunde, ließen Goethe die ihm „unentbehrlichen Leckerbissen" aus der Ferne zukommen: Aus Frankfurt kamen Kastanien und Artischocken, aus Berlin Teltower Rübchen. Und nicht zuletzt nennen Rechnungen von Delikatessenhändlern Lieferungen von allerlei Kostbarkeiten wie Feigen, Trüffel, italienische Maronen und große Mengen von Provenceröl.

Vom Vergessen

Erdbeerspinat

Vergessen sind heute viele der vor 200 Jahren gebräuchlichen Gemüsearten und unzählige alte Landsorten. Wobei die Verdrängung, der das Vergessen folgte, bereits in der Mitte des 19. Jahrhunderts begann. Ungebrochener Fortschrittsglaube und die industrielle Entwicklung veränderten die Welt und die Gemüse.

Ein dichtes Eisenbahn- und Straßennetz entstand; Massenglasherstellung, Düngemittelindustrie und technische Neuerungen ließen erstmals den industriemäßig betriebenen Gemüseanbau zu. Der Gemüsebedarf in den Städten stieg rasant, so dass die Lebensmittel- und Konservenindustrie bald folgte.

Viele der alten Gemüsesorten dagegen waren dem Druck, immer ertragreichere, haltbarere und äußerlich makellose Sorten zu züchten, nicht gewachsen. Sie mussten noch in mühsamer Handarbeit gepflegt und geerntet werden, waren nicht lagerfähig und untauglich für Sortenlisten. So blieb von den spinatähnlichen Blattgemüsen der Goethezeit wie Neuseeländer- und Erdbeerspinat, Melde oder Guter Heinrich nur der Spinat erhalten. Doch nicht seines Aromas oder Geschmackes wegen: Er war nur großflächig leichter anzubauen, ertragreicher, bequemer zu ernten und besser zu transportieren. Seine Verwandten dagegen verschwanden vom großen Markt und mit ihnen ihr unverwechselbarer natürlicher Charme und ein Stück Alltagskultur der Goethezeit. Dafür wurden neue Gemüsesorten gezüchtet. Darunter köstliche, um die uns unsere Vorfahren sicher beneiden würden. Das Einheitsgemüse ohne Charisma, Aroma und Geschmack allerdings dürfte kaum dazugehören.

Heil-, Wild- und Küchenkräuter aus Goethes Zeit sind uns dagegen relativ unverzüchtet erhalten geblieben. Nahezu vergessen sind indes auch sie, allerdings auf andere Art. Denn präsent sind Kräuter heute überall: in der Pharma- und Lebensmittelindustrie, in Regalen von Apotheken, Reformhäusern und Märkten. In Form von Kapseln, Säften, Tee- und Würzmischungen begleiten sie das Leben in moderner Zeit auch weiterhin. Frische Kräuter hingegen gibt es hierzulande nur noch selten, und wenige Menschen sind heute noch „Kräuterkenner", die um die Vorzüge selbst angebauter Kräuter wissen.

Anmerkungen:

[1] Rechnungen, Einnahmen- und Ausgabenbücher von 1775–1832 (über 20 000 Blätter) werden im Goethe- und Schiller-Archiv Weimar bewahrt (Bestand: „Goethe-Rechnungen").

[2] Den Junggesellenhaushalt (1775–1788) führte Goethes Diener, Sekretär und Vertrauter Philipp Seidel, den Familienhaushalt (1789–1816) Christiane Vulpius, ab 1806 Frau von Goethe, den Haushalt der Altersjahre (bis 1830) August von Goethe, danach bis 1832 Goethe selbst.

[3] Blumen, Obst und Gemüse, die (bis 1990) in Goethes Hausgarten aus seiner Zeit nachgewiesen sind, in: Ahrendt, Dorothee; Aepfler, Gertraud: Goethes Gärten in Weimar. Edition Leipzig: 1994, S. 124/125; Beeren- und Obstsorten S. 83.

[4] Gräf, Hans Gerhard: Goethes Ehe in Briefen. Der Briefwechsel zwischen Goethe und Christiane Vulpius 1792–1816. Insel Frankfurt/Main: 1921

Artischocke

Cynara scolymus

Distelgewächse

Aus dem alten Ägypten kam die Artischocke über die arabischen Länder im 13. Jahrhundert nach Südeuropa. In Deutschland wurde sie erst um 1540 in Ulm, Augsburg und Nürnberg kultiviert.

... Sie habe schon zweimal Artischocken aus dem Garten gegessen, ließ die Lebensgefährtin **Christiane Vulpius** am 7. Juli 1793 Goethe wissen.

Vor allem im 18. Jahrhundert galt das delikate Distelgewächs hierzulande als ein Edelgemüse für Gourmets mit exklusivem Anspruch, wie in dem 1794 veröffentlichten „Allgemeinen Küchenlexikon für Frauenzimmer, welche ihre Küche selbst besorgen oder unter ihrer Aufsicht besorgen lassen" zu lesen ist.
Als Königin der Gemüse wird die Artischocke quer durch die Epochen gelobt. Die Zubereitung ist zwar etwas aufwendig, doch die Blütenböden sind dafür eine ganz besondere Delikatesse.
Artischocken werden gekocht und mit verschiedenen Soßen – wie Butter-, Kräuter-, Krebs- oder Holländischer Soße – warm oder kalt gegessen. Die fleischigen Artischockenböden können gebacken oder – wie man es zur Goethezeit formulierte – „in Gelee gesetzt" werden. Auch gefüllt mit grünen Erbsen, Spargel, Champignons, Krabben, Krebsen oder Hühnerfleisch sind sie eine wahre Gaumenfreude. Zum Einfrieren sind Artischocken ebenfalls bestens geeignet. Nur eines muss beachtet werden: Das Gemüse sollte beim Kauf frisch sein und keine trockenen oder braun verfärbten Blattspitzen haben.

Die Artischocke wird auch als
„Königin der Gemüse"
bezeichnet.

Artischocke

Cynara scolymus

Garten

Artischocken sind in unseren Breiten nicht einfach zu kultivieren, da die Pflanzen nur bei mildem Klima gut über den Winter kommen. Das Distelgewächs benötigt tiefgründigen, nährstoffreichen Boden, reichlich zusätzlichen Dünger und vor allem viel Wärme und Wasser. Bis zu zwei Meter hoch kann die dekorative Staude werden. Geerntet werden die Blütenknospen meistens vom zweiten bis zum vierten Jahr. Danach sollten neue Pflanzen gesetzt werden.

Gesundheit

Aus der Medizin ist die Artischocke nicht mehr wegzudenken. Bereits im frühen Mittelalter sagten die Römer ihrem Saft wundersame Heilwirkungen gegen Kahlköpfigkeit nach. Auch als Mittel gegen Achselschweiß wurde das Distelgewächs angeblich genutzt. Heute wissen wir: Artischocken enthalten zwar nur wenig Eiweiß, dafür aber eine Menge an Provitamin A, Vitamin B, C und E. Hinzu kommen sogenannte Choleretika, die Leberzellen zur vermehrten Sekretion von Gallensäure anregen und sich positiv auf zu hohen Cholesterinspiegel auswirken. In den Blättern und Wurzeln sind Bitterstoffe enthalten, aus denen die Pharmaindustrie Cynarin gewinnt: ein Stoff, der Leber und Galle anregt. Zudem wird die Artischocke bei Blasen- und Nierenschwäche empfohlen, bei Magenübersäuerung, Gicht und Fettsucht. Denn die Enzyme wirken sich positiv auf Schleimhäute und Drüsen aus. Von besonderer Heilwirkung ist das Trockenblattextrakt der Artischocke, das in Kapseln angeboten wird.

Tipp

Aluminiumtöpfe sind zum Kochen von Artischocken nicht geeignet. Zum einen bleicht das Gemüse darin aus, zum anderen bekommt es einen unangenehmen metallischen Beigeschmack.

Artischocken waren Goethes Leidenschaft und wurden in seinem Garten angebaut. Sie habe schon zweimal Artischocken aus dem Garten gegessen, ließ ihn seine Lebensgefährtin Christiane Vulpius am 7. Juli 1793 wissen. Allerdings erreichten die in Weimar gezogenen „Gewächse aus dieser Sippschaft" lediglich die „Größe eines Taubeneies" (Goethe an Marianne von Willemer, 16.8.1824). Größer und zarter waren sie, des milden Klimas wegen, in Goethes Heimat zu haben. Auf seiner Reise dorthin im Sommer 1814 schrieb Goethe an Christiane: „Nun steht meine ganze Hoffnung auf Artischocken: Ein Liebchen ist der Zeitvertreib, auf den ich jetzt mich spitze, sie hat einen gar so schlanken Leib und trägt eine Stachelmütze."

„Fürtreffliche Stachelköpfchen",
„musterhafte Distelköpfe",
so nannte **Goethe** liebevoll
die Artischocke.

Regelmäßig schickten Goethes Frankfurter Freunde Artischocken nach Weimar. Die frühesten erschienen bereits im Juni zur Freude aller großen und kleinen Familienmitglieder. Goethes Enkel Wolfgang liebte sie genauso wie sein Großvater. „Musterhafte Distelköpfe", „fürtreffliche Stachelköpfchen", so nannte Goethe die Artischocken in seinen Briefen. Mit ihnen konnte er „Schönschmecker, Tisch- und Tafelgenossen" bewirten. „Ich stolziere auch damit gegen meine Gäste" (Goethe an Marianne von Willemer, 17.8.1827). Als Goethe im Sommer 1828 in Dornburg weilte, bereitete er, wie der dortige Hofgärtner berichtete, selbst Salat aus Artischocken zu, die er nebst feinem Provenceröl, einem Olivenöl, aus Frankfurt erhalten hatte.

Rezepte

Artischocke

Cynara scolymus

Auf einer Reise im Sommer 1814 schrieb ***Goethe*** *über die Artischocke:*

Pochierte Artischocken in Weißwein

4 Artischocken mit Stiel
4 EL Olivenöl
2 Knoblauchzehen in Scheiben geschnitten
500 ml trockener Weißwein
Salz, schwarzer Pfeffer aus der Mühle

„Ein Liebchen ist der Zeitvertreib, auf den ich jetzt mich spitze, sie hat einen gar so schlanken Leib und trägt eine Stachelmütze."

Wegen ihres bitteren Geschmacks werden die äußeren Blätter der Artischocke und die Spitzen der inneren hellen Blätter abgeschnitten. Dann werden die oberen 2/3 der Artischocke entfernt. Der untere Teil lässt sich nun halbieren. Die haarigen Fäden, das sogenannte Heu, lassen sich jetzt einfach mit einem Löffel entfernen. Die restlichen Blattansätze und harten Stellen am Boden werden ebenfalls abgeschnitten.
Kleiner Tipp: Wenn Sie Zitronensaft auf die Schnittstellen träufeln, können sich diese nicht braun verfärben.
Jetzt können Sie das Olivenöl erhitzen und den Knoblauch zugeben. Die Artischocken werden mit der Schnittseite nach unten in das Öl gelegt. 2 Minuten sollten sie braten. Dann wird mit Wein aufgefüllt und gewürzt. Nun den Deckel schließen und 10 Minuten köcheln lassen.
Sie können die Artischocken – ganz nach Geschmack – warm oder kalt genießen. Das Gemüse kann mit Möhrenstiften verziert und der Sud weiter verwendet werden.

Artischocken mit Kartoffeln und Sauerampfer

4 kleine Artischocken (junge Knospen)
4 mittelgroße Kartoffeln
2 klein geschnittene Schalotten
20 g durchwachsener Speck
1 Hand voll Sauerampfer
2 EL Olivenöl
500 ml trockener Weißwein
50 ml Wasser
Salz, Pfeffer aus der Mühle
Kerbel oder Dill
weitere frische Kräuter

Die Artischocken werden vorbereitet, und das Öl wird erhitzt. Geben Sie dann die Schalotten und den Speck hinzu. Wenn alles goldbraun angebraten ist, kommt das Wasser und die Hälfte des Sauerampfers hinzu. Auf diesem „Bett“ lassen Sie die Artischocken – bedeckt mit dem restlichen Sauerampfer, dem Wein und den Gewürzen – etwa eine halbe Stunde bei kleiner Hitze kochen. Die geschnittenen Kartoffeln werden hinzugegeben. Das Gemüse benötigt nochmals etwa eine halbe Stunde Kochzeit bei geringer Hitze. Würzen Sie das Gericht mit Kerbel oder Dill und frischen Kräutern nach Wahl.

Auch die
Artischocke
gehört zu den Distelgewächsen
und ist ein Edelgemüse.

Tipp

In der Küche werden der fleischige Boden und mitunter der Stielansatz verwendet. Lediglich junge, zarte Artischocken können im Ganzen verzehrt werden.

Prachtvoll steht der Bärlauch ab Mai in weißer Blüte. Die würzigen Blätter des Lauchgewächses sind dann allerdings nicht mehr genießbar.

Bärlauch

Allium ursinum

Lauchgewächse

Der würzige, knoblauchartige Geruch ist einfach unverkennbar. Er ist für wenige Wochen des Frühjahrs – meist in lichten Buchen- und Mischwäldern – der markante Wegweiser: Hier gedeiht der wildwachsende Bärlauch.

Heute ist Bärlauch selten geworden und sogar vom Aussterben bedroht. Nicht umsonst steht sein Name auf der Roten Liste der gefährdeten Pflanzen, um ihn vor rücksichtslosen Sammlern zu schützen. Ziehen Sie sich den Bärlauch deshalb einfach selbst – im Garten oder sogar auf dem Balkon. Die Kulturform ist mittlerweile überall im Handel erhältlich.

Beim Verzehr sollten Sie eines jedoch unbedingt beachten: Genießbar sind die Blätter des Bärlauchs nur außerhalb der Blütezeit. Wenn ab Mai die weißen Dolden blühen, sollten Sie die Blätter nicht mehr sammeln. Auch vor Verwechslungen muss gewarnt werden, denn die Blätter des wilden Bärlauchs werden oftmals mit denen des giftigen Maiglöckchens

Bärlauch

Allium ursinum

verwechselt. Klarheit bringt der Geruchstest, ist Knoblauchduft doch bekanntlich unverkennbar. Wegen dieses Geruchs wird Bärlauch gerne als wild wachsender Bruder des Knoblauchs bezeichnet. Tatsächlich sind die Pflanzen verwandt: Sie gehören beide zur Familie der Lauchgewächse.
Kenner schätzen Bärlauch als Knoblauchersatz. Er ist sogar von feinerem Aroma und besser verträglich. Wie Schnittlauch können die klein geschnittenen Blätter verwendet werden: zu Salaten, zum Würzen und Färben von Suppen, Soßen, Gelees und Mayonnaise, zu Pastateig oder für Pesto. Auch Bärlauch-Öl und -Essig oder Bärlauch-Senf sind pikante Beigaben zu Salaten. Frischkäse, Quark und Joghurt verleiht das wilde Kraut eine würzige Note. Das Aroma passt ebenso zu Fisch-, Eier- und Fleischgerichten – oder einfach frisch aufs Butterbrot. Selbst in Öl und Essig kann Bärlauch eingelegt oder in Salz konserviert werden. Nur zum Trocknen und Einfrieren ist er ungeeignet, da seine Inhaltsstoffe dann verloren gehen.

Zu Lebzeiten von Goethe und Christiane Vulpius wuchs Bärlauch in der freien Natur noch in Hülle und Fülle.

Aus Goethes Zeiten

Damals wurde Bärlauch noch nicht in Gärten kultiviert, sondern allein in der freien Natur gesammelt. Kein Wunder, war er zu jener Zeit in feuchten, lichten Laubwäldern doch massenhaft zu finden. Er dürfte zu den vielen Wildpflanzen des zeitigen Frühjahrs gehört haben, die einen beträchtlichen Teil der „grünen Nahrung“, vor allem der einfachen Leute auf dem Lande, ausmachten. Wie Gundermann, Gänseblümchen oder Vogelmiere wurde Bärlauch als Küchen- und Heilkraut verwendet. In Honig gelegt galt er als bewährtes Hustenmittel. Gegen Kartoffelfäule half Tee aus frischen Blättern.

Gesundheit

Nicht nur im Geschmack, auch in der Heilwirkung ist Bärlauch dem Knoblauch ähnlich. Er wirkt gegen Arteriosklerose, ist gut gegen Bluthochdruck und gilt als „Blutreiniger". Zudem wird die Pflanze gegen chronische Hautausschläge empfohlen. Sie bringt den Organismus wieder auf Trab, stärkt das Allgemeinbefinden und hilft bei Blähungen. Für Bärlauchtee werden die Blätter lediglich mit heißem Wasser überbrüht, nicht gekocht.

Garten

Bärlauch kann im Garten, aber auch in Blumenkübeln kultiviert werden. Es ist eine anspruchslose Pflanze, die lediglich ein schattiges, feuchtes Plätzchen benötigt und sich als Bodendecker unter Bäumen und Sträuchern wohl fühlt. Ausgesät wird bereits im Herbst, denn Bärlauch ist ein Kaltkeimer. Die Samen benötigen zum Keimen Frost. Nachdem sich Blüte und Samen gebildet haben, sterben die Blätter – wie auch bei Tulpen und Narzissen – ab. Bärlauch wird etwa 20 bis 50 cm hoch und blüht im Mai und Juni weiß. Wenn er erst einmal „Fuß gefasst" hat, breitet er sich meist schnell im Garten aus.

Rezept

Bärlauch-Pesto

50 g Bärlauch
50 g Petersilie
1 Knoblauchzehe
100 g Parmesan
2 EL Pinienkerne
6–7 EL kaltgepresstes Olivenöl
Kräutersalz, Pfeffer
Pimpernelle

Die Zutaten werden püriert, und schon Ihr Pesto fertig! Dabei können Sie die Zutaten nach Lust und Laune variieren. So kann zum Beispiel noch etwas Parmesan hinzugegeben werden. In einem luftdichten Gefäß kühl aufbewahrt, ist Pesto mehrere Wochen haltbar und empfehlenswert zu Nudelgerichten, auf getoastetem Vollkornbrot, als Pizza-Belag oder zu gebackenem Käse. Soßen, Suppen und Nudelteig können mit dem würzigen Pesto auch gefärbt werden.

Die Brennnessel
ist eine der vitamin
und mineralstoffreich
sten Wildpflanzen.
Im Vergleich zu
Kopfsalat hat sie – bei
gleicher Pflanzenmenge –
30-mal mehr Vitamin C,
sechsmal mehr Vitamin A,
siebenmal mehr Eisen und
Magnesium und doppelt
so viel Kalium.

Brennnessel

Urtica dioica und Urtica urens

Nesselgewächse

Mit den Brennhaaren der Brennnessel haben manche von uns schon im Kindesalter unliebsame Bekanntschaft gemacht. Meterhoch wachsen die Pflanzen im Sommer und sind nicht in jedem Garten gern gesehen. Dabei ist das sogenannte Unkraut eine wahre Nutzpflanze. Im Frühjahr ist sie eine der ersten und eine der vitamin- und mineralstoffreichsten Wildpflanzen. Doch nur wenigen ist bekannt, dass Brennnesselspeisen nicht nur gesund, sondern auch äußerst schmackhaft sind.

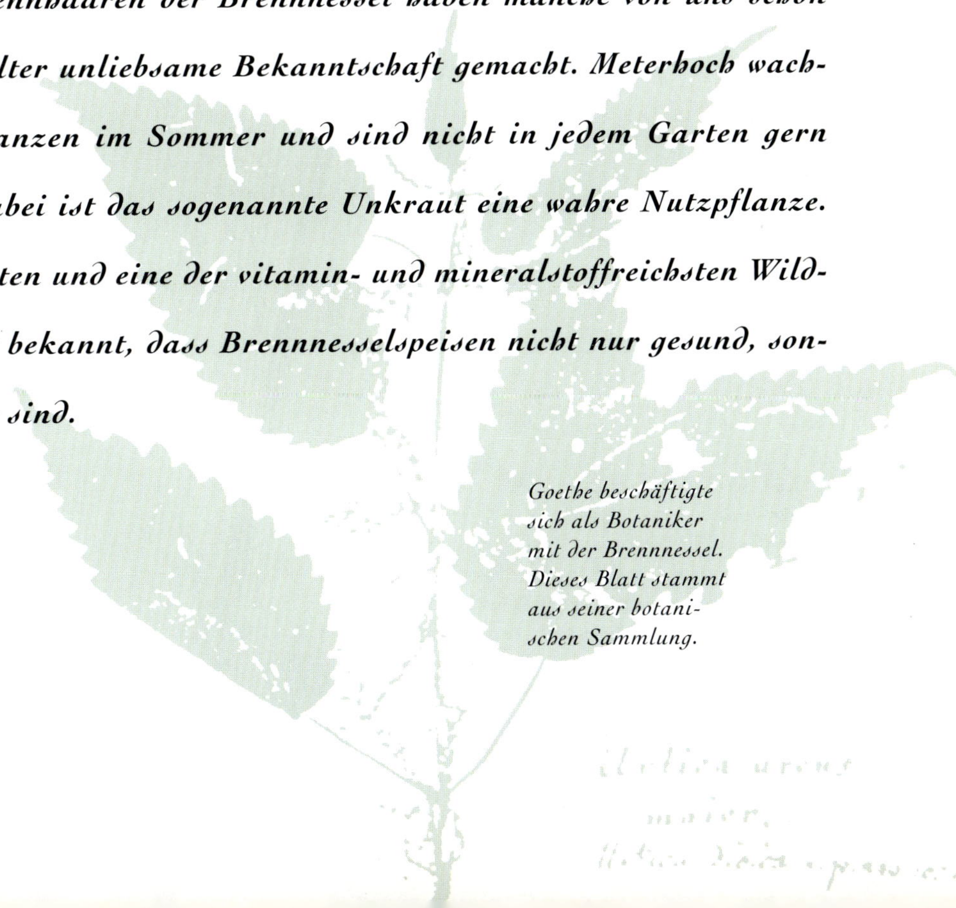

Goethe beschäftigte sich als Botaniker mit der Brennnessel. Dieses Blatt stammt aus seiner botanischen Sammlung.

Brennnessel

Urtica dioica und Urtica urens

Haben Sie keine Bange vor der Brennnessel! Pflücken Sie die Pflanzen einfach mit dem Handschuh oder rollen Sie wie zu Großmutters Zeiten mit dem Nudelholz über die gepflückten Nesseln, damit die Trichomen, die Brennhaare, gebrochen werden. Auch durch Blanchieren – kurz in kochendes, dann in kaltes Wasser – verlieren sie ihr Brennen. Schon seit Jahrhunderten werden Brennnesseln in der Küche verwendet. Nicht nur in Thüringen gab es vor Ostern die „Brennnesselsupp". Diese war gut fürs Blut, machte Wangen rot und hatte den Ruf, „rundum gesund" zu sein. Auch als Frühlingssalat haben unsere Vorfahren das „Unkraut" gekannt. Meist wurde die Brennnessel dazu mit Löwenzahn, Rapünzchen (Feldsalat), Schafgarbe, Scharbockskraut und anderen Kräutern oder essbaren Wildpflanzen der Wiese gemischt. Aus gekochten Blättern, verfeinert mit Butter und etwas Sahne, wurde ebenso ein schmackhaftes Gemüse bereitet. Als Delikatesse gilt die Brennnessel noch heute in der italienischen Küche. Speziell im Frühjahr gibt es „Pasta verde", grüne Nudeln, die mit fein gehackten Bättern im Teig und einer Brennnesselsoße bereitet werden. In Belgien werden Brennnesseln zu Aalen ©und Schnecken gereicht. Doch nicht nur in Italien und Belgien, allerorts erobert sich das landläufige „Unkraut" heute seinen Platz in der Küche Stück für Stück zurück. Zumal es keiner großen Kochkünste bedarf, um aus den grünen Blättern ein aromatisches und zugleich nährstoffreiches Gericht zu zaubern.

Eines sollten Sie unbedingt beachten: Ausgewachsene Pflanzen enthalten viel Nitrat. Verwenden Sie deshalb möglichst nur Jungpflanzen und wärmen Sie bereits gekochte Speisen nicht nochmals auf, da sich aus dem Nitrat ansonsten schädliche Stoffe bilden könnten.

G e s u n d h e i t

Hippokrates empfahl die Brennnessel zur Leib- und Blutreinigung. Heute haben Ernährungswissenschaftler die Inhaltsstoffe benannt: Chlorophyll, Mineralien, Enzyme, Bitter- und Gerbstoffe. Hinzu kommen der hohe Vitamin-C-Gehalt sowie Provitamin A und ein beträchtlicher Eisengehalt.

Seit Jahrhunderten wird aus frischen Blättern Saft und aus getrockneten Tee bereitet. Die Gerbstoffe und organischen Säuren wirken adstringierend (reinigend), entschlackend, verdauungsfördernd und harntreibend. In der Rheuma- und Gichttherapie wird Brennnesseltee als natürliches Mittel verwendet. Wegen ihrer ätherischen Öle eignet sich die Heilpflanze ebenso für Bäder, Gesichtsdampfbäder und Kompressen. Eine Brennnesselspülung bringt Glanz ins Haar, verstärkt dessen natürliche Farbe und hilft sogar gegen Schuppen.

G a r t e n

Brennnesseln sollten möglichst in einer sonnigen Ecke des Gartens angebaut werden – auch sehr zur Freude der Schmetterlinge, die diesen Brutplatz nur zu gerne aufsuchen. Auf fruchtbarem oder magerem Boden, dem Sie Komposterde zugeben, gedeihen die Pflanzen ideal. Geerntet werden die jungen Blätter und Triebe vom Frühjahr bis zum Herbst.

Durch ihre weitverzweigten Wurzeln lockern Brennnesseln den Boden und fördern die Humusbildung. Auch sind sie wertvolle Stickstofflieferanten. Doch damit nicht genug, die Pflanzen eignen sich als Mulchmaterial und ebenso – in zerkleinerter Form – zum Verbessern der Kompostbildung. Werden die Pflanzen mit Wasser angesetzt, so kann die Brühe oder Jauche im naturgemäßen Gartenbau als Dünger und zur Schädlingsbekämpfung nützlich sein.

Aus Goethes Zeiten

Brennnessel

Urtica dioica und Urtica urens

Zu Goethes Zeit war die Brennnessel Nutz- und Heilpflanze zugleich. Ihre ersten Austriebe bezeichnete man als „Spargel des kleinen Mannes“ und bereitete Gemüse daraus. Auch die Blätter galten als vielseitig verwendbares Frühjahrs- und Fastengemüse. Sie waren die unverzichtbare „Ingredienz“ des „Grünkrautes“ (Rezept Seite 43), eines traditionellen Gründonnerstagsgerichtes, das auch der Geheime Rat gerne aß.

Gegen das Sauerwerden von Getränken bei großer Sommerhitze und Gewitter wurden Brennnesselstängel in Milchtöpfe und Bierfässer eingelegt. Bei Schwindsucht half der ausgepresste Saft der jungen Nesseln. Tee aus getrockneten Blättern stärkte Schwache, Schwangere und Kranke. Grüne Nesseln hatten zudem den Ruf, nahrhaftes Viehfutter zu sein. Damit die Eidotter eine schöne gelbe Farbe bekamen, wurden Hühner damit gefüttert. Getrocknete Nesseln bekamen die Pferde, Kühe, Schafe und Ziegen als Heu. Selbst zur Farbgewinnung taugte die Brennnessel: Gelbe Farbe erhielten unsere Vorfahren, indem sie die Wurzeln mit Alaun und Kochsalz in Wasser kochten. In holzarmen Gegenden dienten getrocknete Nesseln als Brennmaterial. Die verbleibende Asche war gleichzeitig ein vortrefflicher Dünger. Aus Nesselstielen stellte man Seile und Nesselstoff her, und selbst Papier wurde aus den aufgeweichten Stielen geschöpft.

Die Brennnessel galt auch als Zauber- und Bannpflanze. Ein Nesselstrauß über dem Hoftor sollte vor Blitzeinschlag schützen. Selbst das Kochwasser von Nesselsamen hatte magische Bedeutung: Junggesellen schütteten es auf die Türschwelle der Auserwählten und erwarteten eine „brennende“ Liebe!

R e z e p t e

Brennnesseltorte

Für den Teig:
200 g Mehl, 50 g Semmelmehl
3 Eier
150 g Butter
1 TL Salz
1/2 TL Liebstöckel

Aus allen Zutaten bereitet man einen Teig, der mindestens 20 Minuten im Kühlschrank ruhen sollte. Dann wird er ausgerollt und in eine runde, ausgebutterte Backform gelegt. Wichtig ist es, den Rand nach oben zu drücken.

Für die Brennnesselmasse:
1 kg Brennnesselblätter
200 g mageren Schinkenspeck
1 große Zwiebel
4 Eier
frische Kräuter
Salz, Pfeffer, Muskat

Zunächst wird der Speck ausgelassen. Braten Sie die klein geschnittene Zwiebel darin glasig und verrühren sie alles mit den blanchierten, klein geschnittenen Brennnesselblättern in einer Schüssel. Dazu kommen die verquirlten Eier und viele Kräuter wie Oregano, Thymian, Liebstöckel, Petersilie und Schnittlauch. Mit Salz, Pfeffer und Muskat würzen, alles gut durchmengen und auf dem Teig verteilen. Die Torte wird bei ca. 200 Grad etwa 40–50 Minuten gebacken. Dazu passt eine Kräutersoße aus Brennnesselfond, Gewürzen und Kräutern. (Abb. rechts)

Brennnesselgemüse

Das Brennnesselgemüse wird wie Spinat zubereitet. Dazu benötigt man rund 1 kg frische Bätter, die klein geschnitten und kurz blanchiert werden. Verwenden Sie dabei möglichst nur Blattspitzen oder junge Bätter. Gewürzt wird mit Salz, Pfeffer, Muskat, Zwiebel, Knoblauch, Zitronensaft und vielen frischen Kr/äutern. Mit Butter und saurer Sahne wird abschließend verfeinert.
Wie bei der Brennnesseltorte können Sie auch hier einen Teil der Brennnesselblätter durch Giersch, Melde, Spinat oder ähnliche Blattgemüse ersetzen. Das Gemüse erhält so einen milderen Geschmack.

Cardy

Cynara cardunculus

Distelgewächse

Für die distelähnliche Pflanze mit den silbrig schimmernden Blättern gibt es viele Namen: Cardy, Gemüseartischocke, Spanische Artischocke (Cardon d'Espagne), Golddistel, Distelkohl und Kardone.

Südeuropa ist die Heimat der Cardy, schließlich liebt sie Sonne und Wärme zum Wachsen. Hierzulande kennt man die Cardypflanze nur in milden Regionen oder als teures feines Gemüse, das in Gewächshäusern gezogen wird. Die schmackhaften Blattstiele werden wie Spargel oder Schwarzwurzeln zubereitet. Mit Soßen verfeinert oder mit Käse überbacken sind sie eine wahre Delikatesse. Typisch für Cardy-Gerichte ist der leicht nussige Geschmack.

Hierzulande kaum bekannt, ist Cardy in Italien, Südfrankreich und Spanien ein beliebtes Gemüse. Ob in Butter gedünstet oder mit Sahne verfeinert, als Suppe, Soufflé, überbacken oder pur – die Blattstiele lassen sich vielseitig verwenden. In Italien wird Cardy auch roh gegessen, einfach mit Essig und Öl.

Cardy ist besonders als leichte Kost zu empfehlen. Sie können aus dem gekochten Gemüse auch schmackhafte Aufläufe oder Salate bereiten. Noch ein Tipp für die Küche: Cardy wird wie Rhabarber geschält. Die geschälten und geschnittenen Stiele können mit Zitrone eingerieben oder in Essigwasser eingelegt werden. So bleibt ihre Farbe erhalten. Aus diesem Grund sollten Sie auch dem Kochwasser Salz, Zitronensaft sowie ein bis zwei Esslöffel Mehl beigeben. Das Kochwasser kann anschließend nicht mehr verwendet werden, da es die Bitterstoffe des Gemüses annimmt.

Aus Goethes Zeiten

Cardy

Cynara cardunculus

Die Orangerie von Schloss Belvedere in Weimar

Garten

Cardypflanzen lieben Sonne und nahrhaften, gut durchlüfteten Boden. Sie brauchen viel Wasser, reichliche Düngergaben und vor allem viel Platz. Stimmen alle Voraussetzungen kann Cardy bis zu zwei Meter hoch werden. Im zweiten Jahr bilden sich die blauen Disteln. Sobald sich die Knospen zu öffnen beginnen, können sie abgeschnitten, getrocknet und in Herbststräußen gebunden werden. Als Gemüse sind die Cardy-Stiele nur im ersten Jahr zu verwenden. Sie werden Ende August zusammengebunden und zum Bleichen mit Folie, Pappe oder Stroh umwickelt. Nach etwa drei Wochen sind sie erntereif. Durch das Bleichen verlieren sich die Bitterstoffe etwas.

Cardy war zur Zeit Goethes ein teures Edelgemüse, das sich nicht jedermann leisten konnte. Die Pflanzen wurden aufwendig in Gewächshäusern angebaut und waren im Spätherbst und Winter in der feinen Küche höchst willkommen. Für „Feinesser" wie Goethe war das Gemüse ein Hochgenuss. Er liebte Cardy und erhielt sie unter anderem aus den Glashäusern der Fürstlichen Hofgärtnerei in Belvedere. Eine Rechnung an „Herrn Geheime Rath und Staatsminister von Göthe" vom März 1829 nennt, neben Lieferungen von jungen Wiener Kohlrabi, Spargel und Blumenkohl, unter dem 3. März: „Cardon d'Espagne für 17 Groschen."

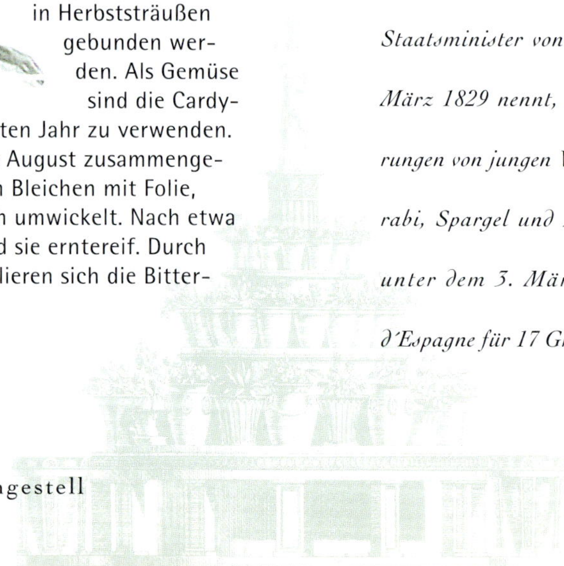

Schloss Belvedere, Blumengestell

G e s u n d h e i t

Zwar ist der Gehalt an Vitaminen nicht besonders hoch, doch Cardy ist reich an Bitterstoffen (Cynarin), die die Verdauung anregen. Cynarin stimmuliert die Produktion und Sekretion von Gallensäure. Auch für die Entgiftung der Leber ist dieser Stoff positiv.

Tipp

An der Farbe und Frische der Blätter kann man die Qualität der Blattstiele erkennen. Geerntete Cardy lassen sich nur kurze Zeit lagern, deshalb ist beim Kauf unbedingt auf Frische zu achten.

R e z e p t

Überbackene Cardy mit Käse

500 g Cardy
1 Stange Zwiebellauch
50 g Butter
50 g Kräuter: Petersilie, Thymian, Kerbel, fein gehackte Blätter des Staudenselleries
100 g Käse: Gouda, Emmentaler oder Parmesan
Semmelbrösel zum Bestreuen

Die Cardy werden wie Rhabarber vorbereitet. Dazu die Blätter abschneiden, die Stiele schälen und in ca. 5 cm lange Stücke schneiden. Werden die Schnittflächen mit Essig oder Zitronensaft beträufelt, behalten sie ihre Farbe. Das Gemüse wird in Salzwasser weich gekocht und muss anschließend gut abtropfen. In einer Pfanne mit zerlassener Butter dann die Lauchzwiebeln und die Kräuter anschwenken. Geben Sie die Cardy hinzu und lassen Sie die Mischung kurz durchziehen. In einer gebutterten Auflaufform sollte das Gemüse, mit Semmelmehl und Käse bestreut, ca. 5 Minuten bei 180 Grad in den Ofen.

Früchte der Gartenbohne (Phaseolus vulgaris), an denen die Spiraltendenz vorwaltet. Aquarell von Eduard Stark, 1830, aus der Mappe „Zehn kolorierte Handzeichnungen zur Erläuterung der Metamorphose der Pflanzen nach Goethe".

Dicke Bohne

Vicia faba

Schmetterlingsblütler

Die Dicke Bohne wurde von der Gartenbohne verdrängt, die Kolumbus aus der Neuen Welt nach Europa brachte.

Von der Dicken Bohne werden in der Küche nur die Kerne verwendet.

Puffbohne, Sau- oder Ackerbohne wurde die dickfleischige Bohne der damaligen Zeit genannt. Sie ist eine der ältesten Kulturpflanzen und stammt vermutlich aus Persien.

Pferdebohne, Feld-, Acker- und Futterbohne, Dicke und Große Bohne, Saubohne, Puff- und Marschbohne: Alle diese Namen haben eines gemeinsam, sie bezeichnen eine der ältesten Kulturpflanzen, die, so wird vermutet, aus Persien stammt.

Aus den deutschen Küchen war die schmackhafte Bohne im Mittelalter nicht wegzudenken. Die Saubohne war früher, wie heute unsere Kartoffel, Sättigungsbeilage. Neben Kohl und Rüben wurde dieses Gemüse nicht nur als Beilage gereicht, es galt sogar als eines der grundlegendsten Nahrungsmittel.

War die Bohne noch grün, so wurden ihre Kerne besonders als Gemüse geschätzt und mit Butter und Petersilie als Gericht serviert. Als Beilagen waren damals gekochter Schinken und geräucherter Bauchspeck beliebt. In dem Erfurter „Kochbuch für die bürgerliche Küche" von 1839 werden gekochte Bohnen mit Speckwürfeln und gerösteten Zwiebeln empfohlen.

Dicke Bohne

Vicia faba

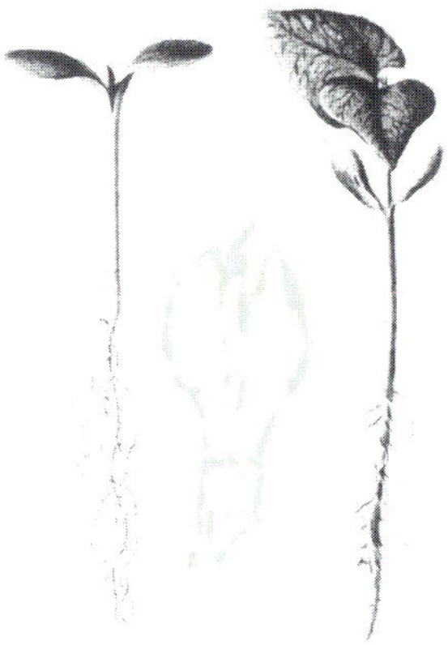

Keimpflanzen
der Gartenbohne

Aus Goethes Zeiten

In Goethes Garten wurden Puffbohnen, verschiedene Sorten Gartenbohnen (grüne Bohnen) und auch Stangenbohnen angebaut. War die zarte grüne Gartenbohne zur Zeit des Dichters ein feines Gemüse, so galt die Ackerbohne vor allem als Nahrungsmittel des „gemeinen Mannes". Besonders getrocknete Bohnenkerne waren als nahrhafte Winter- und Fastenspeise nicht zu ersetzen. Wenn die Getreideernte schlecht ausfiel, wurde das Bohnenmehl zum Brotbacken verwendet. Zudem sollten Bohnen mit Knoblauch gekocht ein gutes Hustenmittel sein. Zum Verzehr waren nur die Sorten mit großen weißen Kernen geeignet, jene mit kleinen braunen Kernen galten eher als Viehfutter.

Tipp

Bohnenkerne sollten niemals roh verzehrt werden, da sie Toxine enthalten. Erst durch mindestens zwölfminütiges Kochen werden diese Giftstoffe abgebaut.

Bei den alten Griechen fanden Bohnenkerne auch als „Stimmzettel" bei Wahlen Verwendung.

Gesundheit

Bohnenkerne enthalten neben den nahrhaften Kohlehydraten und Eiweiß vor allem die Vitamine A, B1 und B2. Hinzu kommen wichtige Mineralien wie Kalium, Kalzium, Magnesium, Phosphor und Eisen. Die Hülsenfrüche fördern die Verdauung und regen die Neubildung von Blut im Körper an. Auch ihre Cholesterin senkende Eigenschaft wurde mittlerweile nachgewiesen. Zudem wirken sie harntreibend und sind gut bei Blasen- und Nierenleiden, Rheuma und Gicht.

Garten

Dicke Bohnen sind weitgehend anspruchslos: Ob Sand- oder Lehmboden, die Wurzeln suchen sich ihre Nährstoffe. Im Februar können die Samen gelegt werden. Sie lieben Sonne und Wind und wollen am liebsten weit auseinander stehen. Wenn man das Gießen nicht vergisst, erblühen bald die weißen Blüten.

R e z e p t e

Salat aus Dicken Bohnen, Linsen und Roten Johannisbeeren

400 g frische Dicke Bohnenkerne
(oder 200 g Gartenbohnen, 200 g Dicke Bohnenkerne)
125 g Linsen
1/2 Bund Schnittlauch oder Lauchzwiebeln
1 Bund Basilikum
1 Knoblauchzehe
3 EL Olivenöl
1 EL Rotweinessig
1 TL Dijon-Senf
ca. 250 g Rote Johannisbeeren
Salz, schwarzer Pfeffer

Die frischen Dicken Bohnen werden mindestens 12 Minuten in Salzwasser gekocht. Grüne Bohnen kochen und klein schneiden. Anschließend das Wasser abgießen und die Linsen zubereiten. Diese werden ebenfalls 10 Minuten gekocht und dann abgegossen. In einer Schüssel werden die noch warmen Bohnen und Linsen vermischt. Hinzu kommen Schnittlauch und Basilikum, beides fein geschnitten.
Aus dem ausgedrückten Knoblauch, dem Öl und Essig, Dijon-Senf, Salz und Pfeffer wird eine Vinaigrette bereitet. Vermengen Sie alles miteinander und geben Sie dann die Roten Johannisbeeren hinzu. (Abb. rechts)

Puffbohnen mit Speck und Buttersoße

0,5 kg frische Dicke Bohnenkerne
125 g gewürfelter Speck
50 g Butter
2 EL Mehl oder Semmelmehl
Petersilie und andere frische Kräuter
Salz, Pfeffer

Die Bohnenkerne werden in wenig Wasser weich gekocht. In einer Pfanne Butter und Speck zerlassen und die Bohnen hinzugeben. Jetzt können Sie kräftig würzen. Vergessen Sie die Kräuter nicht: Geben Sie Bohnenkrautblätter, Kerbel, auch ein wenig Majoran und andere Kräuter dazu. Mehl oder Semmelmehl wird geröstet untergehoben. Noch einmal kurz dünsten und zum Schluss mit Petersilie bestreuen.

Die schnellwüchsige und dekorative Grüne Gartenmelde ist ein idealer „Lückenfüller" im Gemüsegarten und macht bis zum Frost eine gute Figur im Blumenbeet.

Gartenmelde

Atriplex hortensis

Gänsefußgewächse

Ob Rote, Gelbe oder Grüne Melde – mit ihren dekorativen Blättern ist die Gartenmelde die Freude eines jeden Gärtners. Zumal die wohlschmeckende Pflanze äußerst unkompliziert ist.

Die Rote Melde
Atriplex hortensis nebra

Während die Wildform der Melde heute als Unkraut verbreitet ist, findet die Kulturform unter den Namen Gartenmelde, Molkenkraut und Spanischer Salat bei uns immer mehr Anhänger. Schon im griechischen und römischen Altertum wurde die Melde als Gemüsepflanze kultiviert, die Römer brachten sie schließlich nach Deutschland. Auch Mangold, Rote Rüben, Koriander, Dill und Sellerie gelangten auf diesem Weg in unsere Breiten.

Im Mittelalter galt die Gartenmelde als Hauptgemüsesorte. Im „Capitulare de villis" ordnete Karl der Große ihren Anbau auf Krongütern und Reichshöfen an, wo sie in verschiedenen Sorten kultiviert und in einzelnen Regionen auch erhalten blieb. Die bekannte Äbtissin Hildegard von Bingen führte sie als Nutzpflanze „melda". Obwohl die Melde nie vollkommen aus den Gärten verschwand, ging ihr Anbau im Laufe der Zeit doch stark zurück. Verdrängt wurde sie von einem anderen Blattgemüse: dem Spinat.

Bei den Franzosen wird die Melde

„bonne femme"

– gute Frau – genannt.

Gartenmelde

Atriplex hortensis

Mitte des 19. Jahrhunderts hatte er sich die Gunst der Gärtner, Gourmets und Mägde erobert und trat einen regelrechten Siegeszug an. Die Gartenmelde wurde in die zweite Reihe verwiesen und tauchte in damaligen Kochbüchern nur noch spärlich auf.

Wegen ihres dekorativen Aussehens und der gesunden Ingredienzen feiert die Gemüsepflanze heute ihr Garten- und Küchen-Comeback. Zumal die Melde für Abwechslung auf dem Speiseplan sorgt. Nach historischem Rezept werden die Meldeblätter mit etwas Fleisch- und Gemüsebrühe gedünstet, gewürzt und mit Zitrone abgeschmeckt. Die leicht säuerlich schmeckenden Blätter können aber auch in Salatmischungen verwendet werden. Oder man kombiniert sie mit anderen spinatähnlichen Blattgemüsen wie Spinat, Mangold oder Erdbeerspinat. In der Zubereitung ist das Gemüse allerdings etwas aufwendiger, da die Blätter erst von den Stängeln gepflückt und möglichst frisch verarbeitet werden sollten. Das sollte Sie aber nicht davon abhalten, die Melde neu zu entdecken!

G e s u n d h e i t

Das **Gemüse** aus den Blättern der Gartenmelde ist leicht verdaulich und vitaminreich. Zarte Blätter können auch ideal als Salat verwendet werden, denn die Melde besitzt unter anderem Vitamin C und B (Thiamin), Niacin, Kalium, Eisen und Magnesium.

G a r t e n

Die **Gartenmelde** gehört wie der Gute Heinrich zur Familie der Gänsefußgewächse. Als Samen sind zahlreiche Sorten wie die Grüne Rheinische Kopfmelde, die Bunte, die Rote und die Gerippte Melde im Angebot.

Alle Sorten sind einjährige Pflanzen, die leicht durch Samen zu vermehren sind und auf jedem Boden gedeihen. Allerdings brauchen sie Feuchtigkeit und viel Sonne. Gute Bewässerung erhält die Blätter zart und weich. Bei zusätzlichen Stickstoffgaben wächst die Melde besonders üppig.

Als Gemüsepflanze wird die Gartenmelde bereits bei 20 bis 30 cm Höhe geerntet. Die Samenstände sollten abgeknipst werden, damit sich immer wieder neue Blätter bilden.

A u s G o e t h e s Z e i t e n

Bis zur Mitte des 19. Jahrhunderts war die Melde nicht nur als Gemüsesorte überall in Deutschland zu finden. So wurde die Rote Gartenmelde auch zu Blumensträußen gebunden, die an Festtagen als Schmuck von Haus und Kirche dienten. Wie viele spinatähnliche Gemüse fiel die Gartenmelde dann der „Sortenbereinigung" zum Opfer.

Der Kunsthistoriker und Zeitgenosse Goethes, Carl Friedrich von Rumohr – einer der berühmtesten Gastrosophen des 19. Jahrhunderts – nannte die Melde im „Geist der Kochkunst" (1822) „ein äußerst wohlschmeckendes, spinatähnliches Gemüse". Die sächsische Grünkohl-Variante aus Melde, Brennnessel, Löwenzahn, Brunnenkresse und jungen Feldkümmelsprossen bezeichnete er als „die Negenschöne".

Weimar. Park mit Goethes Gartenhaus
Colorierter Stich von C. A. Schwerdgeburth, 1826

Rezept

Grünkraut

Für ein richtig gutes Grünkraut benötigen Sie eine Mischung – etwa 2 kg für 4 Personen – aus jungem Spinat, Melde, Sauerampfer, auch Mangold oder solche außergewöhnlichen Sorten wie Erdbeerspinat und Neuseeländer Spinat. Im Frühjahr passen auch junge Brennnesselblätter. Schneiden Sie die blanchierten Blätter etwas klein und bereiten Sie das Grünkraut wie Spinat. Nach Geschmack können Sie das Gemüse mit Zwiebeln und Schinkenspeck verfeinern. Nicht vergessen sollten Sie hierbei frische Kräuter und Gewürze. Petersilie, Kerbel und Kresse, auch Schnittlauch, Giersch oder Schafgarbe eignen sich. Mit Salz und Pfeffer würzen, wenn Sie mögen mit Muskat.
Sie können das Grünkraut zu Kartoffelmus und Ei servieren oder auf einem herzhaften Teig als Pastete mit Käse überbacken.

Tipp

Gartenmelde sollte immer frisch verarbeitet werden. Lange Transportwege oder Lagerhaltung mag das Gemüse nicht. Es lässt sich aber, wie Spinat, hervorragend einfrieren.

Kräuter

Von Anis über Engelswurz und Gundermann bis hin zu Ysop

Schon im Mittelalter war die Raute (Garten- und Weinraute) ein typisches Kraut in den Gärten unserer Vorfahren. Sie sollte gegen alle Gifte, den „Bösen Blick" und den Teufel selbst schützen. Der Rosmarin dagegen galt bei Vermählungen als Glücksbringer, bei Beerdigungen stärkte das Kraut die Erinnerung an die Heimgegangenen. Auch Liebstöckel und Engelswurz durften in der damaligen Zeit nicht fehlen.

Weinraute
Ruta graveolens

Von Anis über Engelswurz und Gundermann bis hin zu Ysop – Kräuter waren seit jeher Mythos und Nutzpflanzen der Menschen. Und so tut es nicht wunder, dass in den Gärten unserer Vorfahren allerlei Pflänzchen sprossen, denen eine schützende und heilende Wirkung zugesprochen wurde. Nicht umsonst sagt der Volksmund auch heute noch: „Gegen jedes Leiden ist ein Kraut gewachsen."

Engelwurz
Angelica archangelica

Ysop
Hyssopus officinalis

Hinzu kamen Beifuß und Wermut, die sich durch ihre Bitterstoffe fördernd auf die Verdauung und bei Magenreizungen beruhigend auswirkten. Nicht zu vergessen Hauswurz und Gundermann, die gleichwohl ihren Stellenwert als Arzneipflanze einnahmen.

Seit Jahrhunderten haben Kräuter als Arzneipflanzen ein hohes Ansehen. Das Wissen um Anbau und Nutzen der Heilpflanzen ist vor allem den Benediktiner- und den Zisterzienser-Mönchen zu verdanken, deren Klostergärten Vorbildfunktion hatten. Die Menschen auf dem Lande und das „gemeine Volk" stützten sich auf Erfahrungswerte, die von Generation zu Generation weitergegeben wurden. Schon Ende des 15. Jahrhunderts sind feldmäßige Kulturen von Heil- und Gewürzpflanzen in Deutschland nachgewiesen. Im sächsisch-thüringischen Raum zählten damals Anis und Kümmel zu den wichtigsten Handelsgütern. Süßholz hatte für Bamberg um 1600 eine solch große Bedeutung, dass die Staude in das Stadtwappen aufgenommen wurde. Den Heilpflanzenanbau um Jena-Löbnitz, so steht es in einer Jenaer Chronik, führte Michael Tonndorf um 1750 ein. Er muss erfolgreich gewesen sein, denn kurze Zeit später wurden dort selbst seltene Pflanzen wie Mariendistel, Löffelkraut, Eberreis, Raute und blauer Steinklee angebaut. 1817 schließlich gelang es einem Schlossgärtner im provinzialsächsischen Bezirk Cölleda, Arzneipflanzen für den feldmäßigen Anbau zu züchten. Eine besondere Bedeutung erfuhr dabei die Pfefferminze, die als Mittel gegen die gravierendste Seuche der damaligen Zeit angesehen wurde: die Pest.

Auch von anderen Kräutern wie der Melisse gibt es kulturhistorische Überlieferungen. Im Buch „Die Gartenkunst" von 1795 heißt es: „Die Melisse wird für Herz und Kopf stärkend gehalten, und soll für alle Übel des Hauptes und der Nerven gut sein." Grüne Lorbeerblätter linderten Bienenstiche, während Estragon in weißem Wein ausgezogen gegen Zahnschmerzen half. Koriandersamen mit Honig und Wasser gekocht galten zu dieser Zeit als wirksamer Liebestrank. Ein anderes Haus- und Hilfsmittel der Goethezeit war der Wermut. Das Kraut wurde als Mottenmittel einge-

Mariendistel
Carduus marianus

setzt, vermischt mit Schreibtinte hielt Wermut zudem Mäuse und Ratten davon ab, die Rechnungsbücher anzufressen. Doch nicht nur als Heil- und Hausmittel, auch als Küchenpflanzen dienten Kräuter seit jeher. Im 17. Jahrhundert wurden für einen Salat beispielsweise Estragon, Pimpernelle, Sauerampfer, die Blüten und Blätter von Günsel oder Borretsch und die Wilde oder kultivierte Rauke verwendet. Heute gewinnen Kräuter immer mehr an Bedeutung, und die Gourmets unserer Zeit haben Spaß an der „Wiederentdeckung" von Gundermann, Giersch und Gänseblümchen. Die neuen „alten" Geschmackserlebnisse werden allerorten gerühmt und die „Unkräuter vom Wegesrand" als Delikatesse gepriesen.

Salbei
Salvia officinalis

Wie der lateinische Name des **Salbeis** – Salvia officinalis von „salvare" = heilen – es bereits sagt: Dieses Kraut ist eine wahre Heilpflanze. Bei Erkältungen ist sie das beste Schnupfenmittel, sie hat eine blutreinigende Wirkung und desinfiziert als Tee. Aber auch in der Küche ist Salbei als vielseitiges Würzmittel für Salate, Füllungen und Kräuterbrote sehr zu empfehlen.

Aus Goethes Zeiten

Zu Goethes Zeiten waren besonders Kräutersuppen beliebt. Dazu ließ man Kräuter in Butter bei leichter Hitze ziehen, später kam Brühe hinzu, und die Kräuter wurden gar gekocht. „Hernach über geschnittene Semmel gießen", heißt es in einem historischen Kochbuch. Zum Schluss wurde die Suppe mit Gewürzen verfeinert.

Ein anderes historisches Rezept empfiehlt Sauerampfer, Spinat, Kerbel, junge Brennnesseln, Gundermann, Schafgarbe, Petersilie und Spitzwegerich. Alles gut verlesen, waschen und in wenig Wasser kochen. Dann pürieren, mit Brühe auffüllen und würzen. Abschließend gibt man etwas Mehl, mit Ei und Milch verquirlt, hinzu.

Gemeine Schafgarbe
Achillea millefolium

Kräuter

Von Anis über Engelswurz und Gundermann bis hin zu Ysop

Pimpernelle
regt die Tätigkeit von Galle, Leber und Niere sowie den gesamten Harnstoffwechsel an. Die Pimpernellenwurzel wird auch als Hustenmittel verwendet.

Salbei
fördert die Verdauung, wirkt entzündungs- und schweißhemmend, krampflösend und reinigend.

Thymian
wirkt bei Husten schleimlösend. Auch Kräuterkissen mit Thymian sind als Beruhigungsmittel beliebt.

Oregano (Dost), Wilder Majoran
wirkt verdauungsfördernd. Ein Tee aus den Blüten hilft gegen Husten und Halsentzündungen. Bei Zahnschmerzen kaut man die antiseptisch wirkenden Blätter.

Koriander
enthält Vitamin C, Gerbstoffe, Pektin und Zucker. Er fördert die Verdauung und verhindert Blähungen. Auch eine nervenberuhigende Wirkung wird dem Koriander nachgesagt. Selbst als Zutat für Salben ist er geeignet.

Lavendel
enthält ätherische Öle und Gerbstoffe und wird vor allem wegen seiner stark duftenden Eigenschaften als Badezusatz oder Duftstoff verwendet. Er wirkt leicht beruhigend. Auch in der Küche wurde Lavendel schon früher als sparsame Würze angewendet.

Ysop
fördert die Verdauung, ist gut für Galle und Magen und wirkt zudem infektionshemmend.

Borretsch
enthält ätherische Öle und Mineralien, Kieselsäure und Gerbstoffe, wirkt entzündungshemmend und regt den Stoffwechsel an.

Echter Lavendel
Lavandula angustifolia

Heilwirkungen einiger Kräuter

Kerbel stammt ursprünglich aus dem Mittelmeerraum. Das einjährige Doldengewächs mit seinem ausgeprägten Anisgeruch wird in historischen Kochbüchern oft als Körbel bezeichnet. Gartenkerbel (Anthriscus cerefolium) wird ab März ins Freiland ausgesät. Dabei bevorzugt das würzige Kraut ein Plätzchen mit lichtem Schatten und leicht feuchtem Boden. Geerntet wird vor der Blüte.

Tipp

Bekannt ist Kerbel schon seit 400 Jahren und wird zum Würzen von Suppen, Soßen und Gemüsen verwendet. Schmackhaft ist die Pflanze, gemischt mit Estragon, Schnittlauch und Petersilie, auch zu Kräuteromeletts. Und zudem ist Kerbel eine sehr gute Essigwürze.

R e z e p t e

Wildkräuter-Püree mit pochierten Eiern

200 g Wildkräuter: Brennnesselspitzen, Löwenzahn, Brunnenkresse, Sauerampfer, Schafgarbe ...
2 Zwiebeln
50 g Butter
1/4 l Fleischbrühe
1 Prise Muskat
Salz, Pfeffer
8 Eier
1/2 l Wasser
2 EL Essig
frische Kräuter: Bärlauch, Giersch, Wiesenknopf, Schnittlauch ...

Die gemischten Wildkräuter waschen, klein schneiden und zusammen mit den klein geschnittenen Zwiebeln in heißer Butter andünsten. Geben Sie die heiße Fleischbrühe hinzu und lassen Sie die Menge kurz aufkochen. Etwa eine Viertelstunde sollte alles gut durchziehen. Dann pürieren und mit Salz, Pfeffer und Muskat würzen. Die aufgeschlagenen Eier lässt man zum Pochieren in siedendes Essigwasser gleiten. Das Wildkräuterpüree wird nun in eine Auflauffom gegeben, die pochierten Eier werden darauf gesetzt und alles im vorgeheizten Backofen (auch mit etwas Käse) einige Minuten überbacken. Zum Schluss geben Sie fein gehackte Kräuter nach Wahl hinzu. Wichtig ist, dass Sie einfach verschiedene Kräuter ausprobieren und Spaß am Variieren haben. (Abb. oben)

Salbei-Küchlein

2 Eier, getrennt
2 EL Mehl
1 Bund Salbei (ca. 12 Blätter)
1–2 EL Butter
Zucker, Zimt

Das Eigelb wird mit dem Mehl vermengt und nach Belieben gewürzt. Sie können auch etwas Wasser oder Brühe hinzugeben. Lassen Sie den Teig einige Minuten quellen. Anschließend kommt das geschlagene Eiweiß hinzu – fertig ist der Teig! Sie können den Teig aber auch nach Herzenslust variieren. Dann werden die Salbeiblätter in dem Teig gewendet und in eine Pfanne mit zerlassener Butter gegeben. Nach kurzem Backen bestreuen Sie die Küchlein mit Zucker und Zimt. Dazu kann – wie früher – Kaffee getrunken werden.

Fisch in Gelee gesetzt mit Kräutersoßen

1 Forelle (ca. 200–250 g)
Wurzelwerk
1/2 Zitrone
2 EL Essig
10 Blatt Gelatine
Dill

Der Fisch wird in ca. 2 Liter Wasser, dem Wurzelwerk, Zitrone und Essig beigegeben wurde, pochiert. Nach etwa 10 Minuten können Sie die Forelle herausnehmen. Geben Sie 1 Liter des Kochwassers durch ein Sieb, so dass keine Rückstände im Fond bleiben. Hinzu kommt die Gelatine, die sich bei milder Hitze auflösen soll. Gewürzt wird mit dem klein geschnittenen Dill.
Geben Sie den Fisch in eine geeignete Form und gießen Sie den Fond darüber. Wer mag, kann den Boden des Gefäßes vorher mit anderem Gemüse (Möhre, Gurke ...) oder Blüten (Borretsch, Kapuzinerkresse ...) belegen, damit ein Muster entsteht. Zum Gelieren braucht die Forelle mehrere Stunden.

Für die Kräutersoßen:
50 g Kräutermischung: Melisse, Schnittlauch, Petersilie, Basilikum, Borretsch, Pimpernelle, Dill, Giersch, Schafgarbe, Kerbel, Estragon, Thymian ...
2 EL Olivenöl
50 ml Weißwein
Salz, Pfeffer

Verrühren Sie das Olivenöl mit dem Weißwein, dem Salz und dem Pfeffer und geben Sie für beide Soßen unterschiedliche Kräuter hinzu. Sie können auch mit 1 TL Dijon-Senf oder mit Joghurt variieren.

Vielerlei-Kräuter-Suppe mit Wickeln von Lattich

Für die Kräuter-Suppe:

ca. 500 g verschiedene Kräuter: Sauerampfer, Pimpernelle, Kerbel, Zitronenmelisse, Borretsch, Lauchzwiebel, Petersilie, Liebstöckel ...
1 l Gemüsebrühe
200 g Butter
2 EL Mehl
1/8 l Sahne
Salz, Pfeffer

Alle Kräuter werden gezupft, gewaschen und geschnitten und in der kochenden Brühe kurz gegart. Anschließend sollte die Suppe etwas abkühlen. In einem Topf wird Butter zerlassen. Geben Sie das Mehl hinzu und verrühren Sie die Einbrenne. Dann wird der Topf vom Feuer genommen: Die Einbrenne sollte nun ca. 5 Minuten ruhen. Zurück auf dem Herd wird die Einbrenne mit der Brühe aufgefüllt und gut verrührt. Verfeinern Sie mit Sahne und Ei und würzen Sie kräftig.

Schnittlauch
Allium schoenoprasum

Für die Lattichwickel:

8 große und feste Salatblätter
(am besten vom Freiland-Kopfsalat)
4 EL Semmelmehl
1 Ei
Salz, Pfeffer, Muskat

Das verquirlte Ei wird mit dem Semmelmehl und den Gewürzen verrührt. Geben Sie ca. 1 TL der Masse auf ein vorher blanchiertes Salatblatt. Rollen Sie das Blatt zusammen, schlagen Sie die Blattränder zur Mitte ein, so dass ein Wickel entsteht. Geben Sie diese Wickel in die Suppe und lassen sie alles zusammen noch einmal 5–10 Minuten ziehen.

Die Samen der Gartenkresse können in Blumentöpfen, ja sogar auf feuchtem Fließpapier ausgesät werden. Schon nach kurzer Zeit liefern die jungen Pflanzen mit ihren dünnen, hellgrünen Blätter vitaminreichen Genuss in der Küche.

Bis in den Spätsommer hinein ist die Kapuzinerkresse mit ihren bläulich-grünen, schildförmigen Blättern ein üppiger Schmuck im Garten. Nur wenige wissen: Nicht nur die Blätter, auch die Blüten und Knospen sind essbar.

Kresse

Brunnenkresse · Nasturtium officinale
Gartenkresse · Lepidium sativum
Kapuzinerkresse · Tropaeolum majus

Kreuzblütler bzw. Kapuzinerkressengewächse

Der Name „Kresse" ist vom lateinischen Wort „crescere" – wachsen – abgeleitet. Kein Wunder, schließlich ist das Pflänzchen für seinen äußerst schnellen Wuchs bekannt. Die Palette der Kressearten reicht von der Brunnen- , auch Wasser- oder Bachkresse genannt (Nasturtium officinale), über verschiedene Sorten der Gartenkresse (Lepidium sativum) bis hin zur dekorativen Kapuzinerkresse (Tropaeolum majus). Deren hübsche bunte Blüten sind bis in den Spätsommer ein beliebter Farbklecks auf Beeten oder in Blumenkübeln. Doch nur wenige Kenner wissen, dass diese Blüten – ebenso wie ihre Blätter und Knospen – essbar sind. In früheren Jahrhunderten waren sie als Dekoration auf festlichen Tafeln zu finden. Während die Kapuzinerkresse erst im 17. Jahrhundert aus Peru kam, war die Gartenkresse schon weitaus länger bekannt. Sie stammt aus Persien und wurde von den Römern über die Alpen mitgebracht.

Kresse

Brunnenkresse · Nasturtium officinale
Gartenkresse · Lepidium sativum
Kapuzinerkresse · Tropaeolum majus

Seit dem 16. Jahrhundert ist Kresse als Küchenkraut bekannt. In Flandern und auch am Niederrhein wurde sie sogar eigens angebaut. Von dort brachte der Erfurter Nikolas Meisner während des Dreißigjährigen Krieges das Wissen über den Kresseanbau nach Thüringen. Bereits um 1650 war die auf Dreienbrunnenfeld angebaute „Erfurter Brunnenkresse" ein Begriff. Bis heute wird sie in jedem Frühjahr und Herbst auf dem Marktplatz und in Restaurants angeboten.

Vor allem als frischer Salat sind die Blätter der Kresse sehr zu empfehlen. Sie lassen sich zu Quark, Frischkäse und Joghurt, in Kräutermischungen für Suppen und Soßen oder in Kräuterfüllungen für Crêpes und vielem anderen mehr verwenden.

Wer es ausprobieren möchte: Die Blüten der Kapuzinerkresse sind frisch, kandiert oder in Eiweißschnee ausgebacken eine delikate Dekoration. Die Knospen haben einen scharfen, senfähnlichen Geschmack. Sie können auch in Essig eingelegt und wie Kapern verwendet werden.

Brunnenkresse

Gesundheit

Alle Kressearten gelten als „Fitmacher" schlechthin. Denn sie enthalten besonders viel Vitamin C, außerdem die Vitamine A und B sowie Kalium, Kalzium, Eisen und Phosphor. Die Brunnenkresse wurde bereits 1166 als Fiebermittel empfohlen, da der Körper insbesondere das Vitamin C benötigt, um einen Infekt zu bekämpfen. Die Kresse und auch ihre Samenkapseln dienen als natürliches Antibiotikum. Ätherische Senföle und Bitterstoffe wirken zudem äußerst positiv auf die Verdauung.

Garten

Gartenkresse ist einjährig und stellt keinerlei Ansprüche an den Boden. Sie braucht lediglich genügend Feuchtigkeit. Ausgesät wird ab März im Freiland oder ganzjährig in Blumenkästen bzw. auf der Fensterbank. Alle drei Wochen in Folge kann ausgesät werden, denn die Kresse wächst sehr schnell und sollte noch vor der Blüte verwendet werden. Gärtner wissen: Kresse ist aggressiv zu ihren „Nachbarn" und mag nicht noch einmal am gleichen Platz wachsen. Deshalb sollte entweder die Erde ausgetauscht oder ein neuer Standort gesucht werden.

Brunnenkresse wächst in freier Natur im fließenden Wasser, meist in kleineren Bächen. Im Garten braucht sie ähnliche Bedingungen. Man zieht sie am besten in einem mit Folie ausgelegten, wasserdichten Gefäß. Ausgesät wird Mitte Mai. Die Jungpflanzen sollten etwa 1 cm hoch im Wasser stehen. Geerntet werden die Blätter und Triebspitzen bis zum Frost.

Kapuzinerkresse ist einjährig. Sie liebt Sonne und einen nährstoffreichen Boden. Ausgesät wird nach den Eisheiligen, da die Pflanze frostempfindlich ist. Die jungen Blätter und Blüten können im Sommer und Herbst geerntet werden. Wie früher wird sie auch heute noch unter Apfel- und Quittenbäumen angepflanzt, weil sie Blattläuse fern hält.

Die Gartenkresse war zur Zeit des Dichters ein beliebtes „Frühjahrskräutlein". Es diente der Gesundheit und half wegen seiner „Schärfe und Hitzigkeit". Zudem war es als Mittel gegen Skorbut und auch als Wirkstoff gegen Würmer bekannt. Zudem galt es als Medizin, um Gries aus den Nieren, den Harngängen und der Blase zu ziehen und wirkte bei Leber- und Milzbeschwerden. In die Nase gesteckt, war Kresse ein gutes „Niese-Mittel". Nur „schwächlichen und ältlichen Personen" sowie an Schwindsucht Erkrankten wurde von dem Kraut abgeraten.

Goethe ließ Garten- und Kapuzinerkresse in seinem Garten anbauen. Laut Küchenbuch kaufte Goethes Köchin die Brunnenkresse hingegen auf dem Markt, meist im zeitigen Frühjahr. Als Botaniker interessierte sich Goethe bis ins hohe Alter für das Wachstum von Pflanzen. Während seiner Arbeit zur „Metamorphose der Pflanzen" stellte er auch Keimversuche mit der farbenfrohen Kapuzinerkresse an.

Aus Goethes Zeiten

Rezepte

Kresse

Brunnenkresse · Nasturtium officinale
Gartenkresse · Lepidium sativum
Kapuzinerkresse · Tropaeolum majus

Salat aus verschiedenen Kressearten mit Reis und Pfifferlingen

100 g Kresse
50 g frische Bohnenkerne
50 g Pfifferlinge
100 g Reis
50 g Möhren
2 Lauchzwiebeln
30 g (1 Scheibe) Schinken
2 EL Butter
frische Kräuter

Für das Dressing:
Essig, Öl, Meerrettich (ca. 2 EL)
Zucker
Salz, Pfeffer

Geben Sie die Butter in eine Pfanne und schmoren Sie die Zwiebeln, den Schinken, die Möhren und Pfifferlinge darin an. Lassen Sie die Mischung etwa 2 Minuten köcheln.
Für das Dressing mischen Sie die Zutaten und geben alles über den gekochten Reis, die Bohnenkerne und die Pilzmischung. Alles mit der Kresse gut vermengen, abschmecken und reichlich mit frischen Kräutern würzen.

Bunter Kressesalat

200 g gemischte Kresse:
Garten-, Brunnen- und Kapuzinerkresse ...
2 hart gekochte Eier
2 EL Olivenöl
Saft einer 1/2 Zitrone
2 EL Himbeeressig
Salz, Pfeffer aus der Mühle
Zucker

Das Öl, den Essig und den Zitronensaft vermengen und würzen. Das Dressing geben Sie – kurz vor dem Anrichten – über die gewaschene und verlesene Kresse. Mit den gekochten Eiern garnieren.

Empfehlenswert ist eine Mischung aus verschiedenen Kressearten mit Blatt- und Kopfsalat. Dazu passen Champignons, Spargel und Fenchel oder Ringelblumen, Malven- und Borretschblüten. Oder Sie probieren einmal eine Honig- oder Orangensoße zu Kresse.

Schon zu Goethes Zeit wusste man mit Kresse allerlei köstliche Gerichte zu bereiten.

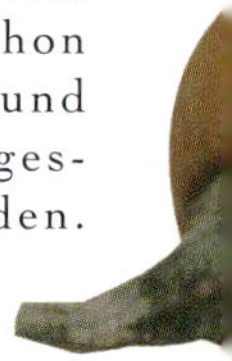

Zierkürbisse dienen, wie der Name schon sagt, der Zierde und können nicht gegessen werden.

Kürbis

Cucurbita pepo

Kürbisgewächse

Er ist der „Kaiser des Gartens" – so zumindest bezeichneten die Chinesen den Kürbis, den sie als Symbol für Fruchtbarkeit und als Potenzmittel schätzten. Wie die Gurke und die Melone gehört der Kürbis zu den ältesten Kultur- und Nahrungspflanzen. Schon vor 4000 Jahren wurde er angebaut, bis zum Jahr 3000 vor unserer Zeit reichen Funde zurück.

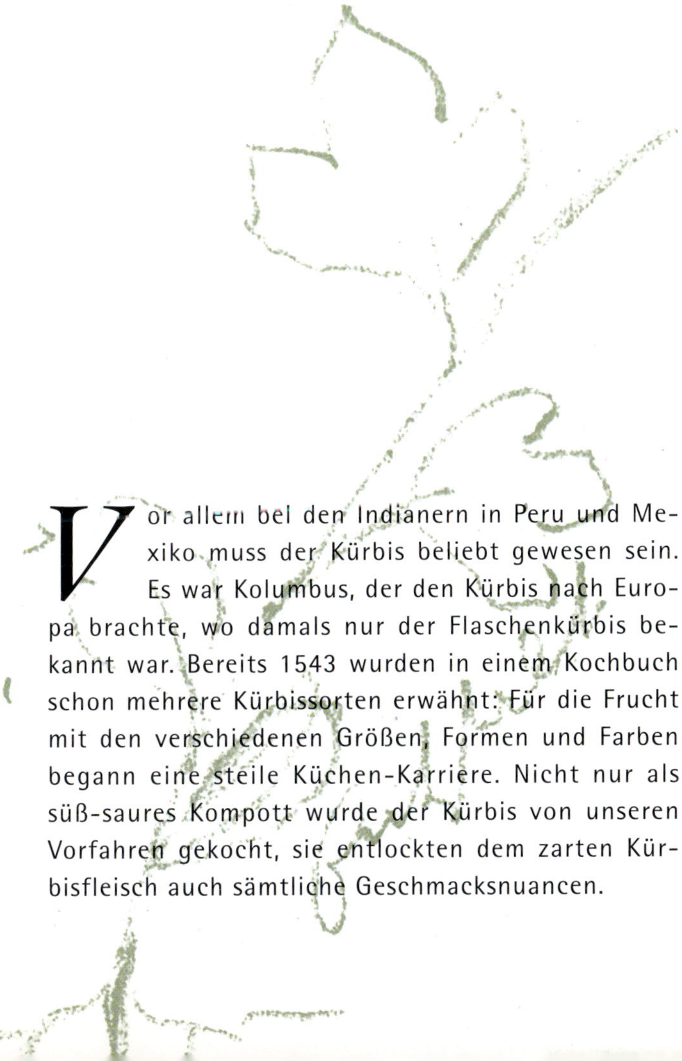

Vor allem bei den Indianern in Peru und Mexiko muss der Kürbis beliebt gewesen sein. Es war Kolumbus, der den Kürbis nach Europa brachte, wo damals nur der Flaschenkürbis bekannt war. Bereits 1543 wurden in einem Kochbuch schon mehrere Kürbissorten erwähnt: Für die Frucht mit den verschiedenen Größen, Formen und Farben begann eine steile Küchen-Karriere. Nicht nur als süß-saures Kompott wurde der Kürbis von unseren Vorfahren gekocht, sie entlockten dem zarten Kürbisfleisch auch sämtliche Geschmacksnuancen.

Auch die Kürbisblüten werden in der Küche verwendet. Gefüllt mit Fleisch, Fisch oder Kräutermischungen, frittiert oder in Teig ausgebacken gelten sie als Delikatesse.

Kürbis

Cucurbita pepo

In dem Kochbuch „Der bürgerliche Haushalt" aus Jena, verlegt im Jahre 1844, wurde der Kürbis als Gemüse empfohlen: Er wurde gekocht, durch ein Sieb gerührt und mit kochender Milch und geriebenen Semmeln verfeinert. „Ehe man ihn anrichtet, quirlt man ihn mit einigen Eiern ab, thut Muskatenblumen daran und übergießt ihn, nachdem er angerichtet worden, mit goldbrauner Butter." Der Kürbis muss also ein wahrer „Renner" gewesen sein. Er wurde als Suppe, Gemüse, Brot, Kuchen, Konfitüre, oder Füllung – ob süß oder herzhaft, pikant oder scharf – verwendet. In hundert Variationen ist er in vielen alten Kochbüchern als Gericht wiederzufinden. Selbst Kürbisstollen gab es zur Weihnachtszeit.

In Frankreich und Italien werden heute noch die zarten gelben Blüten überbacken oder gefüllt. In Amerika feiert der kugelige Küchenfreund seinen Ehrentag am 31. Oktober. Zu Halloween gibt es wohl kaum eine amerikanische Familie, die jene Nacht der bösen Geister ohne Pumpkin Pie, den traditionellen Kürbiskuchen, feiert.

Heute weiß man das ausgewogene Vitamin- und Mineralstoffangebot der Kürbisse zu schätzen. Kürbiskenner wissen, dass gerade die Kerne sehr wertvoll sind. Sie können geröstet, gesalzen oder Gebäck beigemengt werden. Auch Kürbisöl ist mancherorts eine außerordentliche Delikatesse, die obendrein äußerst gesund ist. Der Gehalt an mehrfach ungesättigten Fettsäuren und Vitaminen ist enorm. Um es auf einen Nenner zu bringen: Der Kürbis ist die ideale Kost für ernährungs- und figurbewußte Gourmets.

Der Kürbis gehört zu den größten Gemüsen der Welt. Ganze 450 Kilogramm brachte ein Exemplar auf die Waage. Das ist bis jetzt Weltrekord!

Gesundheit

Kürbisse wurden schon im Mittelalter als harntreibend empfohlen, gegen Nierenleiden trank man frischen Kürbissaft. Das Gemüse hat einen besonders ausgewogenen Mineralstoff- und Vitamingehalt. Im Vergleich zu Möhren sind im Kürbis etwa zwölfmal so viel Beta-Carotin enthalten. Schon das orange gefärbte Fruchtfleisch einiger Sorten weist auf das Provitamin A hin, das nach neuesten Forschungen in der Ernährung eine Krebsschutzfunktion innehat. Dazu kommen die wichtigen B-Vitamine, Folsäure und ein ausgesprochen günstiges Natrium-Kalium-Verhältnis. Auch Magnesium, Kalzium, Eisen, Phosphor und Kieselsäure kommen im Kürbisfleisch vor. Die entwässernde Wirkung ist heute wissenschaftlich nachgewiesen. Zudem wird der Kürbis zur Behandlung von Bluthochdruck angewendet. Er hilft gegen Nierenleiden und neutralisiert den Säure-Basen-Haushalt. Selbst bei Verstopfung kann das kugelige Gurkengewächs Abhilfe schaffen. Außerdem hilft Kürbis bei Prostataleiden. Von ernährungsphysiologischem Wert sind auch gekeimte Kürbissamen. Sie enthalten Heil- und Wirkstoffe gegen Blasenleiden und Prostatabeschwerden.

Garten

Ob Pattison, Rondini, Squash, Hokkaido, Gelber Zentner oder Golden Nugget – sie alle gehören zur großen Familie der Kürbisgewächse, die mit rund 850 verschiedenen Arten in etwa 100 Gattungen sicherlich kaum zu übertreffen ist. Darunter finden sich allein 25 verschiedene Speise- und Zierkürbisse, die im Spätsommer im Angebot sind. Unterschieden wird zwischen Sommerkürbissen, wie Zucchini oder Bischofsmützen, und Winterkürbissen. Sommerkürbisse werden unausgereift, möglichst jung geerntet. Ihre Schale ist weich. Winterkürbisse dagegen sind meist von beachtlicher Größe und werden ausgereift im Spätherbst geerntet. Am besten wachsen die Kürbisarten im Halbschatten auf nährstoffreichem Boden – also möglichst in der Nähe des Komposthaufens, in warmer und feuchter Umgebung. Beim Eigenanbau von Winterkürbissen sollten Sie kräftig aussortieren, denn nur wenige haben genügend Platz, um groß zu werden. Wer seinen Kürbis kühl und trocken lagert, kann ihn ohne weiteres bis zum Frühjahr aufbewahren.

Kürbis
Cucurbita pepo

Durchgewachsener Pomeranzenkürbis
Aquarell von unbekannt, 1811
aus Goethes Kunstsammlung

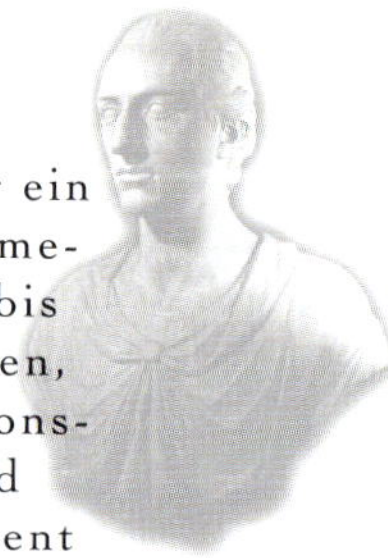

„Es ist mir ein kleiner Pomeranzenkürbis zugekommen, welcher monströs ist und wohl verdient gezeichnet und mit natürlichen Farben illuminiert zu werden.“
Goethe an Heinrich Meyer, 20.9.1811

In Goethes Garten wuchsen, wie in fast allen Gärten seiner Zeit, Kürbisse. Indes war das ergiebige Fruchtgemüse vor allem Speise des „gemeinen Mannes“ in gemüsearmer Zeit. Um es „in Menge und ausgezeichneter Güte zu erziehen“, sollte man – laut „Landwirtschaftliches Wunder-Büchlein oder 225 entsiegelte Geheimnisse aus Haus- und Landwirtschaft“ – in einer großen Tonne Regenwasser zwei Loth (etwa 33 g) weißes Vitriol, vier Pfund Knochenmehl und vier Hände voll Schafsmist werfen. Diese Mischung einen Tag stehen gelassen und nach Sonnenuntergang auf die Pflanzen gegeben, wirkte angeblich Wunder. Vor 200 Jahren legte man geraspelten Kürbis wie Sauerkraut ein. Aus zwei Teilen Mehl und einer Tasse Kürbismus ließ sich ein dauerhaftes Brot backen. Aus Kürbismus mit Butter, Eiern und Petersilie bereitete man schmackhafte Klöße.

Tipp

Wenn Sie einen Riesenkürbis nicht auf einmal verwerten können, zerteilen Sie einfach das Fleisch. An einem kühlen Ort lässt er sich problemlos einige Wochen – sogar bis zur Weihnachtszeit – aufbewahren. Kürbisfleisch eignet sich auch gut zum Einfrieren und Einlegen.

Also, probieren Sie es einfach aus!

Rezepte

Kürbissuppe

1,5 kg Kürbis
3 große mehlig kochende Kartoffeln
2 kl. Stangen Lauch
4 EL Butter
Koriander, Pfefferkörner, Thymian
1 l Gemüsebrühe
1/4 l Schlagsahne
frische Kräuter
geschälte und geröstete Kürbiskerne

Zuerst den Kürbis vierteln und schälen, Kerne und Fasern entfernen und in Stücke schneiden. Dann können die Kartoffeln geschält und gewürfelt werden. Auch der Lauch wird gewaschen und in schmale Streifen geschnitten. Das Gemüse in einem Topf mit Butter glasig dünsten. Nun können die Gewürze zerstoßen und zugegeben werden. Alles ca. 20 Minuten dünsten. Danach kommt die Gemüsebrühe hinzu, und die Suppe wird nochmals kurz aufgekocht. Mit dem Pürierstab wird nun das Gemüse zerkleinert. Hinzu kommt die Sahne – fertig! Anrichten können Sie die Suppe mit geschälten und gerösteten Kürbiskernen sowie frischen Kräutern.

Kürbis

Cucurbita pepo

Tipp

Wenn Sie Winterkürbisse auf dem Wochenmarkt kaufen, achten Sie auf eine feste, unversehrte Schale. Klopfen Sie einfach vorsichtig an die Schale: Einen reifen Kürbis erkennen Sie am hohlen Ton.

Kürbisgemüse

500 g gelber Kürbis
500 g Bischofsmütze (Kürbisart)
Salz
Pfeffer aus der Mühle
4 EL Öl
1 EL Butter
1 Knoblauchzehe
frischer Basilikum

Der gelbe Kürbis und die Bischofsmützen werden gewaschen, geputzt, entkernt und in kleine Würfel geschnitten. Anschließend mit Salz und Pfeffer würzen. In der Pfanne wird Öl und Butter erhitzt. Das Gemüse wird hinzugegeben, bei schwacher Hitze geschmort und mit dem Knoblauch vermengt. Wichtig: Das Gemüse sollte leicht Farbe angenommen haben und zum Schluss mit fein geschnittenem Basilikum oder Kräutern nach Wahl verfeinert werden.
Sie können übrigens auch Möhren und Zucchini mit dem Kürbis als Gemüse kombinieren.

Kürbis-Puffer

1 kg Kürbis (nach Wahl auch mit Möhren, Kartoffeln und Zucchini gemischt)
Salz, Pfeffer aus der Mühle
5 EL Mehl
250 g Schafskäse oder Parmesan
3 Eier
Basilikum, Petersilie oder andere frische Kräuter
Olivenöl

Den Kürbis teilen, vierteln und entkernen, schälen, raspeln und mit Salz bestreuen. Die Masse durch ein Passiertuch drücken, damit das überschüssige Wasser abfließen kann. In einer Schüssel wird die Kürbismasse mit dem Mehl, dem geriebenen Käse, den verquirlten Eiern und ca. 3 EL Kräutern (Petersilie) zu einem Teig vermengt und gewürzt. Eventuell fein geraspelte Kartoffeln, Möhren und Zucchini hinzugeben. Dann werden kleine Puffer geformt und in heißem Öl auf beiden Seiten goldgelb gebraten und zum Schluss mit Kräutern bestreut. (Abb. rechts unten)

Kürbiskompott

750 g Kürbis
4 frische Feigen
ca. 8 Pflaumen
500 ml Weißweinessig
500 ml Weißwein
3 Vanilleschoten
1 Lorbeerblatt
300 g Honig, Ahornsirup
oder brauner Zucker

Den Kürbis halbieren, entkernen und dann mit einem Spezialformer Kugeln ausstechen. In siedendem Wasser werden diese kurz blanchiert. Wichtig: kalt abschrecken und gut abtropfen lassen. Die Feigen werden gewaschen, trocken getupft und geviertelt. Die Pflaumen werden halbiert und entsteint.
Der Essig wird nun mit Weißwein, den Vanilleschoten und dem Lorbeerblatt aufgekocht und 10 Minuten leicht gekocht. Dieser Sud wird dann über die Kürbiskugeln, die Pflaumen und Feigen gegeben. Das Obst sollte darin 24 Stunden ziehen – am besten bei Zimmertemperatur. Später wird diese Flüssigkeit mit Honig oder Zucker vermischt und das Obst darin glasig gekocht. Das Kompott kann anschließend in Schalen verteilt werden. Der Sirup sollte vorher bei großer Hitze etwas eingekocht werden. (Abb. links oben)

Kürbisse halbieren, die Kerne und das fasrige Innere mit einem Löffel herausschälen.

Die Blüten des Löwenzahns vermögen das Wetter „vorherzusagen“: Bei gutem Wetter folgen sie der Sonne, droht dagegen Regen, schließen sie sich.

Löwenzahn

Taraxacum officinale

Korbblütler

Kuhblume, Maistock, Butterblume, Kettenröhrlein, Mönchskopf, Sommerwurzel, Wiesenlattich, Dotterblume, Hundszahn oder Pusteblume, ...und wahrscheinlich hält der Volksmund für den heute überall beimischen „Weltenbummler“ noch mehr Namen bereit.

Kuhblume, Maistock, Butterblume, Kettenröhrlein, Mönchskopf, Sommerwurzel, Wiesenlattich, Dotterblume, Hundszahn oder Pusteblume – diese und wahrscheinlich noch mehr Namen hält der Volksmund für den heute überall heimischen „Weltenbummler“ Löwenzahn bereit. Ursprünglich stammt die Pflanze aus dem nördlichen Europa und Asien. Der gebräuchlichste Name ist Löwenzahn – ein Begriff, der sofort auf die Blattform schließen lässt. Die Zähne des Löwen standen auch in anderen Sprachen bei der Wortschöpfung Pate (französisch: dent de lion, englisch: dandelion).

Löwenzahn

Taraxacum officinale

Bezeichnungen wie „Beddsääscher" im Saarland oder „Pissaali" im Moselfränkischen weisen auf die – manchmal heiklen – „Risiken und Nebenwirkungen" des Löwenzahns hin.

Heute meist als lästiges Unkraut missachtet, verschmäht auf englischen Rasenflächen, genießt er bestenfalls als Kaninchenfutter einen guten Ruf. Doch Löwenzahn ist ein schmackhaftes Wildgemüse! Zur Zeit Goethes wurde er sogar im Garten angebaut. In Frankreich wird er bis heute großflächig kultiviert. Dort sind gebleichte Löwenzahnblätter eine Winterspezialität.

Durch das Bleichen erhalten die Blätter eine zartgelbe Farbe und schmecken milder. Sie sind ein beliebter Salat. Das Bleichen von Blattgemüse verlangt keinen großen Aufwand. Die Wurzeln werden im Herbst in einen Eimer mit Sand und Erde gegeben, mit Folie abgedeckt und in einem dunklen, kühlen Raum gelagert – und schon treiben die Wurzeln neue zarte Blätter aus.

Es lohnt sich, den Löwenzahn in der Küche wieder zu entdecken. Ob Sie nun die frischen, zarten Blätter als Frühjahrssalat verwenden, die Knospen – wie Kapern – in Essig einlegen, Löwenzahnhonig aus den sonnengelben Blütenköpfen kochen oder die Blätter mit Pinienkernen und Pasta genießen ... vom Gourmet-Restaurant bis hin zum Landgasthof erobern sich die Wurzel und ihre zarten Blätter gerade Stück für Stück kulinarisches Terrain zurück.

G e s u n d h e i t

Der **Löwenzahn** gilt seit alters her als Heilpflanze. Er wurde bereits in Werken arabischer Ärzte des 10. und 11. Jahrhunderts erwähnt. Wie heute bekannt ist, enthalten die Blätter viel Vitamin C, ebenso die Vitamine A, D und B sowie Mineralien wie Phosphor, Natrium, Schwefel, Kalium und auch Eisen. Erstaunlich, aber in Löwenzahn ist mehr Eisen enthalten als in Spinat.

Schon damals wurde aus Blüten und Blättern Tee bereitet, aus Blütenblättern eine Essenz zur Reinigung der Haut und aus der Wurzel ein Extrakt. Allgemein gilt: Durch Löwenzahn werden die Funktion von Blase, Galle, Bauchspeicheldrüse, Leber und Niere angeregt. Er wirkt blutreinigend und stärkend. Auch gegen Geschwüre, rheumatische Beschwerden und Gicht, Hautkrankheiten und bei verschiedenen Entzündungen ist der Löwenzahn hilfreich. Selbst Augenleiden werden seit Menschengedenken mit Löwenzahn behandelt.

G a r t e n

Löwenzahn wird von März bis April und dann wieder im August und September ausgesät. Dabei fühlt sich die Pflanze auf jedem Gartenboden wohl. In Kultur jedoch sollte sie von dem befreit werden, was sie in freier Natur selber ist: von Unkraut. Auch die Blütenknospen sind schon im Ansatz zu entfernen. Die Blätter können fortlaufend geschnitten werden.

Neben dem eigenen Anbau können Sie natürlich die Blätter vom Wilden Löwenzahn der Wiese nehmen – doch bitte nur junge Blätter bis zur Blüte und nicht von gedüngten Äckern oder Straßenrändern sammeln.

Glocke – Frostschutz und zum Bleichen
Zeichnung von A u g u s t v o n G o e t h e

Löwenzahn

Taraxacum officinale

Löwenzahn war zu Goethes Zeit keineswegs so verbreitet wie heute. Der Grund: Die Wiesen waren damals nicht so überdüngt und das Heu bereits geerntet, bevor sich der Samen ausbreiten konnte.

Dabei verwerteten unsere Vorfahren den Löwenzahn von der Knospe bis zur Wurzel. Nicht nur, dass man die jungen Blätter als Salat und Gemüse essen kann, war schon vor 200 Jahren bekannt. Auch die Knospen waren mit weißer Soße ein delikates Gemüse. Die Blüte – der Jungfrau Maria geweiht – galt im Garten als beliebte Zierpflanze. Versetzt mit Zucker, Bierhefe und Zitrone wurde aus den Blütenköpfen Landwein vergoren. Die Blütenblätter gaben Backwerk und Wein eine angenehme Farbe. Und ihr milchiger Saft linderte Insektenstiche und Verbrennungen. Zudem galt er als Mittel, um Warzen zu vertreiben. Frische Blätter wurden dem damals bekannten Kräuterbier zugesetzt, ebenso dem Kräuterwein und -gelee. Ein aus frischen Blättern aufgebrühter Tee wirkte gegen Gicht und Rheuma. Dazu wurde etwa eine Hand voll Pflanzen mit einem Liter Wasser überbrüht und nach einem Viertelstündchen abgeseiht. Mit einem Tee aus getrockneten Blättern wurden Erdbeerpflanzen besprüht: Das gab „feinere Früchte". Im Gemüsegarten leisteten gerade die Jauchen aus allen Teilen der frischen Pflanze gute Dienste als „Pflanzendoktor". Frühmorgens gesammelte Blüten sollten die „Rotte" des Kompostes beschleunigen. Außerdem war bekannt, dass Löwenzahnwurzeln im Boden Eisen aufschließen. Deshalb wurden sie unter Obstbäume gepflanzt, um die Blattgelbsucht zu bekämpfen. Selbst Kaffee wurde aus gerösteten Wurzeln gebrüht. Ungeröstet waren die Wurzeln ein Zusatz, der Wein und Bier verbessern sollte. Auch einen bläulich-roten Farbstoff wusste man aus den Wurzeln zu gewinnen. Ein Wurzelextrakt hatte den Ruf, bei Gallen- und Nierenerkrankungen zu helfen.

Auch Goethe vertraute auf die Heilkräfte des Löwenzahns. Über Jahre verwendete er Löwenzahn-Extrakt zur Behandlung seiner Gallen- und Nierenbeschwerden. Apothekerrechnungen aus den Jahren 1819 bis 1822 belegen: Der Jenaer Apotheker Dr. Goebel lieferte an Goethe regelmäßig Löwenzahn-Extrakt in Büchsen zu vier Unzen (eine Unze sind ca. 30 g heutigen Gewichts). Die Medizin wurde in destilliertem Wasser aufgelöst und eingenommen.

Tipp

Einen Teil seiner Bitterstoffe

verliert der Löwenzahn, wenn er

einige Zeit ins Salzwasser gelegt wird.

Rezepte

Löwenzahnsalat

300 g Löwenzahn
1/2 Bund Petersilie
1/2 Bund Schnittlauch
Pimpernelle, Kresse, Kerbel
Essig oder Saft einer 1/2 Zitrone
4 EL Olivenöl
Salz, Pfeffer
geröstete Sonnenblumen-
oder Pinienkerne

Aus Olivenöl, Essig oder Zitronensaft, den Kräutern und Gewürzen ein Dressing bereiten. Vermengen Sie den Löwenzahn damit und geben Sie die gerösteten Kerne zum Schluss über den Salat. Dazu schmeckt frisches Brot, Toast- oder Knoblauchbrot.

Löwenzahn-Spaghetti

250 g Vollkornspaghetti
oder Bandnudeln
200 g Löwenzahn
50 g Pinienkerne
Olivenöl
Salz, Pfeffer
Parmesankäse
frische Kräuter

Die Nudeln werden gekocht. In der Zwischenzeit wird in einer Pfanne Olivenöl erhitzt. Darin werden die klein geschnittenen Löwenzahnblätter kurz angeschwenkt und mit Salz und Pfeffer abgeschmeckt. Geben Sie frischen Oregano, Thymian oder Pimpernelle hinzu und vermengen Sie die Nudeln mit der Löwenzahnmasse.
Zum Schluss kommen die ohne Öl gerösteten Pinienkerne über das Gericht – und natürlich auch Parmesankäse.
Wenn Sie mögen, können Sie selbst gemachten Nudelteig mit Löwenzahn- oder Petersiliensaft färben.

Löwenzahnblätter, paniert oder im Teig ausgebacken

10 Löwenzahnblätter und
Blüten, die unterhalb der Knospe
abgeschnitten werden
etwas Mehl und Semmelmehl
1 Ei
Butter zum Ausbacken

Blätter und Blüten kurz blanchieren, in kaltes Wasser legen und abtropfen lassen. Dann die Blätter durch Mehl ziehen, anschließend durch verrührtes Ei und durch fein gesiebtes Semmelmehl. Die panierten Blätter und Knospen in eine heiße Pfanne mit Kräuter- oder Knoblauchbutter geben und etwa 1 Minute von beiden Seiten anbraten.

Für den Backteig:
1–2 Eier
1/8 l Sahne
1 EL Mehl
Salz, Kräuter
Das Eigelb wird mit den anderen Zutaten vermengt. Anschließend den Eischnee unterheben. Die Blätter und Blüten durch die Masse ziehen und ca. 1 Minute ausbacken.

Mangold – auch als Gartenmangold, Rübenmangold, Beißkohl oder Römischer Kohl bekannt – zählt zu den ältesten Kulturpflanzen. Schon Aristoteles erwähnte das delikate Gänsefußgewächs aus der Familie der Rüben. Die alten Römer und Griechen schätzten es als Gemüse, aber auch als Heilpflanze.

Am 10. April 1795 erinnerte ***Goethe*** *Christiane von Jena aus an die Mangoldaussaat: „Das Säckchen liegt in meiner Bibliothek, und Du wirst wohlthun, wenn Du ihn bald in die Erde schaffst.“*

Mangold

Beta vulgaris var. vulgaris

Gänsefußgewächse

Beliebt und vor allem bekannt war Mangold in früheren Zeiten allemal. Besonders mit Zucker gekocht galt das Stängel- und Blattgemüse als willkommene Speise. Und bereits im 18. Jahrhundert kamen Rippen- und Stielmangold in weißer, roter und gelber Art auf den Tisch.

Mangold

Beta vulgaris var. vulgaris

Heute genießt der Mangold in den Gemüseregalen und auf den Speisekarten nur noch wenig Aufmerksamkeit. Zwar gibt es durchaus regionale Unterschiede, ein etabliertes Gemüse aber ist Mangold seit langem nicht mehr. Ein ganz anderes Bild bietet sich in England und Frankreich. Dort kennt und schätzt man das hierzulande fast schon vergessene Gewächs. Schließlich bietet Mangoldgemüse eine breite Palette an Möglichkeiten. Die Stängel können wie Spargel, Schwarzwurzeln oder Cardy zubereitet werden, die Blätter wie Spinat. Die jungen Blätter oder Blattspitzen schmecken köstlich als Salat. Auch eine Mischung mit Neuseeländer Spinat und Sauerampfer für Gemüse oder Salat ist empfehlenswert. Mangoldblätter können nach Belieben gefüllt oder das Gemüse einfach als Suppe, Omelett, Torte, Auflauf, Vollkornstrudel oder Pizzabelag verwendet werden. Die Blätter lassen sich auch herzhaft mit Zwiebeln, Schinken und Käse zubereiten. Ein englisches Weihnachtsrezept beschreibt das Gemüse zusammen mit Rosinen, Mandeln und Zitronen.

Gesundheit

Schon die alten Römer und Griechen behalfen sich bei Nervosität und Erregbarkeit mit Mangold. Zu Recht, denn Mangold gehört zu den hochwertigen Gemüsen. Wie sein Verwandter, der Spinat, steckt er voller Vitamine, Mineralien und Eiweiß.

Mangold ist reich an Vitamin C, an Kalzium, Phosphor und Magnesium. Je dunkler das Grün im Gemüse ist, desto mehr Beta-Karotin ist enthalten: ein unverzichtbarer Schutzfaktor für alle Schleimhäute des Körpers. Die Pflanze gilt zudem als Heilmittel gegen Bronchitis sowie Hautkrankheiten, und sie regt Leber und Nieren an.

Aus Goethes Zeiten

In Goethes Garten durfte der Mangold natürlich nicht fehlen, wurde doch allerorts das beliebte Gemüse als Stiel- oder Blattmangold angebaut. Am 10. April 1795 erinnerte Goethe seinen Küchenschatz Christiane von Jena aus an die Mangoldaussaat: „Das Säckchen liegt in meiner Bibliothek, und Du wirst wohlthun, wenn Du ihn bald in die Erde schaffst." In späteren Jahren erhielt die Goethefamilie Lieferungen von Mangold aus der Hofgärtnerei in Belvedere, so zum Beispiel am 3. November 1830 für vier Groschen.

Tipp

Vorsicht:
Auf Grund der enthaltenen Oxalsäure sollte Mangold nur in Maßen verzehrt werden. Pro Person und Portion werden 150 bis 200 Gramm empfohlen. Auch sollte Mangoldgemüse nicht aufgewärmt werden, da sich ansonsten gesundheitsschädliche Nitrosamine bilden können.

Garten

Stielmangold ist als rot-, grün- und weißstielige Sorte im Angebot, daneben gibt es verschiedene Blattmangoldsorten.

Vom Frühjahr bis zum Juni kann ausgesät werden. Das Gemüse gedeiht am besten in nährstoffreichen, gut gedüngten Böden. Geerntet werden die äußeren Blätter von Juni bis September. Das Herz bleibt stehen, damit immer neue Blätter austreiben können. Die Pflanze verträgt durchaus etwas Frost, und bei einer zweijährigen Kultur treibt sie im Frühjahr neu aus.

Rezept

Laubfrösche

12 Mangoldblätter
2 (altbackene) Brötchen
1 Zwiebel
2 Knoblauchzehen
2 EL Butter
1 Bund Petersilie
2 Eier
2 Zweige Liebstöckel
300 g Hackfleisch
Salz, Pfeffer- und Pimentkörner
1/2 l Gemüsebrühe

Die Mangoldblätter werden entstielt, gewaschen und mit kochendem Wasser überbrüht. Danach sollten sie in eiskaltem Wasser abgeschreckt werden und gut abtropfen.
Für die Füllung wird die fein gewürfelte Zwiebel mit dem Knoblauch in Butter weich gedünstet – ohne sie zu bräunen. Die Brötchen in Wasser oder Milch einweichen und ausdrücken. Dazu gibt man die Eier, die gehackten Kräuter und das Fleisch. Alles sollte gut gewürzt und durchgemengt werden. Etwa ein Löffel dieser Masse wird auf ein Blatt gegeben und darin eingewickelt. Jetzt werden die „Laubfrösche" mit Mehl bestäubt, in der Pfanne kurz angebraten und dabei vorsichtig gewendet. Zum Schluss mit Brühe auffüllen, und die Wickel etwa 20 Minuten darin garen lassen.
Als Beilage sind Kartoffeln, Nudeln oder Reis zu empfehlen.
Man kann die Mangoldblätter auch mit einer Mischung aus 2 Eiern, Semmelmehl und frischen Gartenkräutern füllen. Dann werden Bratwürste dazu gereicht.

In ihrer länglichen Form erinnert die Pastinake an eine Möhre, dabei ist ihr Geschmack mindestens ebenso süß, aber würziger.

Pastinake

Pastinaca sativa

Doldenblütler

Die Blüten der Pastinake haben eine goldgelbe Farbe.

Die Wildform der Pastinake kam vermutlich aus dem Kaukasus in unsere Breiten. Heute ist das süßlich und gewürzhaft schmeckende Wildgemüse in fast ganz Europa und Westasien zu finden: auf Wiesen, Schuttplätzen und an Wegesrändern.

Als Kulturpflanze blickt die Pastinake auf eine lange Geschichte zurück. Bereits im „Capitulare de villis" Karls des Großen (Verordnung über den Anbau von Nutzpflanzen auf Krongütern und Reichshöfen, um 800) findet das Gewächs als „pastinakas" Erwähnung.

Pastinake

Pastinaca sativa

Um Namen war die Pastinake nie verlegen und als Pasternak, als Hammel- oder Hirschmöhre, als Moorwurzel, Weiße oder Zahme Möhre aus deutschen Bauerngärten nicht wegzudenken.
„In der Küche wird diese Wurtzel starck gebrauchet [...]. Sie machet alle Speisen wohl geschmack, dahero sie über allerley Fleisch und Fische angerichtet, auch wenn sie noch jung, allein mit Butter, Milch-Rahm, oder einer Fleischbrühe zugerichtet wird", heißt es in einem Kochbuch aus dem Jahre 1823. Wegen ihrer außerordentlichen Süße wurde aus Pastinaken Saft, Honig, Kuchen und Pudding – sogar Bier und Wein – bereitet.
Wie Topinambur gehörte die Pastinake zu den wichtigsten stärkehaltigen Gemüsen. In ihrer länglichen Form erinnert sie an eine Möhre, mit der sie auch verwandt ist. Dabei ist ihr Geschmack mindestens ebenso süß, aber weitaus würziger.

In der Mitte des 19. Jahrhunderts verlor die Pastinake in Deutschland an Popularität. Bereits 1845 wurde berichtet, der Anbau von Pastinaken habe sich durch die neu eingeführte Kartoffel stark vermindert. In manchen Gegenden Frankreichs und Englands sind sie allerdings noch heute ein traditionelles Gemüse.
Die Pastinake sorgt für Abwechslung auf dem Speiseplan. Für Salate roh geraspelt oder als Suppe und Gemüse bereitet man sie mit vielen frischen Kräutern zu. Schmackhaft ist gleichermaßen eine Mischung aus Möhren, Kartoffeln, Kürbis und Rüben. Pastinaken können ebenso paniert oder mit einer Nusskruste überbacken werden. Auch als Püree, gemischt mit Petersilie und Liebstöckel, sind Pastinaken eine äußerst wohlschmeckende Beilage.

Aus Goethes Zeiten

In Thüringen war die Pastinake neben der Ackerbohne eine der wichtigsten „Nahrungspflanzen des gemeinen Mannes". Ihres Stärkegehaltes wegen gab sie an Stelle von Fleisch Kraft zur täglichen, meist körperlich schweren Arbeit. In der Fastenzeit war sie eine „gute Begleitung" zu Salz-, Räucher- und Stockfischen. Frische Seefische als Fastenspeise waren nur am Meer zu haben, feine Zuchtfische und frische Süßwasserfische dagegen den Herrentischen vorbehalten. Nach dem Siebenjährigen Krieg wurde die Pastinake in Thüringen von der Kartoffel als „sättigende Speise" abgelöst. Nur als Viehfutter blieb sie weiterhin von Bedeutung. Pastinakenwein galt als einer „der besten Wirthschaftsweine": „4 oder 5 Pfund solcher Wurzeln müssen gut gereinigt, gehackt und vorsichtig in Wasser weichgekocht werden. Dann seiht man die Brühe, die nicht trüb sein darf, ab, setzt 3 Unzen (ca. 90 g) Weinstein und 20 Pfund guten Huthzucker zu. Die Gärung wird durch Hülfe von Hefen erreicht" (nach „Benutze alles und laß in der Wirthschaft nichts umkömmen" aus dem Jahr 1862).

Gärten

Die **Pastinake** gehört wie die Möhre zur Familie der Doldengewächse. Ihre Blüten sind gelb, die Blätter leicht behaart, groß und gefiedert. Am besten gedeiht das Wurzelgemüse in leichtem, tiefgründig gelockertem Boden an einem sonnigen Ort. Regelmäßiges Vereinzeln ist nötig. Im Spätherbst entwickelt die Pflanze so eine kräftige Wurzel, die bis zum darauf folgenden Frühjahr geerntet werden kann.

Gesundheit

Die **Pastinake** enthält viel Vitamin C und ist reich an Phosphor, Magnesium, Kalium und Kalzium. Überdies besitzt sie viel Stärke, wenig Eiweiß und Fett. Das Gewächs zählt zu den trockenen Gemüsen, denn der Wassergehalt liegt bei „nur“ 80 Prozent. Sie sind nicht so knackig fest wie zum Beispiel die Möhren und brauchen deshalb auch nur die halbe Kochdauer. Allgemein gilt: Pastinaken sind leicht verdaulich, sättigen gut und können bestens mit anderen Herbst- und Wintergemüsen kombiniert werden.

Rezept

Pastinaken-Püree

1 kg Pastinaken
500 g Kartoffeln
300 g Möhren
1 kl. Lauchstange
1 l Gemüsebrühe
100 g Butter
Salz, Pfeffer
frische Kräuter wie Petersilie

Die Pastinaken, die Möhren, die Kartoffeln und der Lauch werden gewaschen und in grobe Würfel geschnitten. In der kochenden Gemüsebrühe werden diese Zutaten gar gekocht. Danach mit dem Pürierstab oder Schneebesen alles gut durchmengen, mit Salz und Pfeffer würzen und Butter und frische Kräuter unterheben.

Portulak

Portulaca oleracea ssp. sativa

Portulakgewächse

Winterportulak (Montia perfoliata) kam aus der Neuen Welt nach Europa. Deshalb heißt er bis heute auch Kubaspinat oder Indianischer Spinat.

Die Pflanze, die vermutlich aus Südasien stammt, wird heute noch in Indien und im Iran als traditionelle Gemüsepflanze kultiviert. Ihre Wildform findet man in Australien, Neuseeland, den USA und auch hierzulande als kriechendes „Unkraut“.

Wie Rosetten wachsen die fleischigen Blätter des Portulaks entlang der dicken Stängel. Ab Juni zeigen sich in den Blattachseln die charakteristischen kleinen gelben Blüten.

Portulak – auch als Porzel- oder Burzelkraut bekannt – wurde bereits im Mittelalter in Deutschland kultiviert. Hildegard von Bingen (1098–1179) wusste um die heilsame Wirkung. Wolfram von Eschenbach erwähnte ihn im „Parzival" als Speise des edlen Ritters Gawan. Heute ist Portulak bei uns nahezu unbekannt. Doch mit kleinen Schritten erobert er sich nach und nach kulinarisches Terrain zurück und ist vor allem in Gourmet-Restaurants immer häufiger anzutreffen. Ganz anders in Frankreich, Belgien und Holland: Dort hat Portulak schon seit Jahrhunderten Tradition und gehört fest zum täglichen Gemüseangebot.

Portulak

Portulaca oleracea ssp. sativa

Noch im 19. Jahrhundert aß man Portulak hierzulande als Salat oder in Essig eingelegt. Auch würzte man damit Suppen und Soßen. Überliefert ist, dass die Stängel des Portulaks ebenfalls als Gemüse verzehrt oder als Garnitur zu Fleisch verwendet wurden. Das Angebot an schmackhaften Gerichten aus Portulak ist vielfältig. Mit seinem angenehm nussig-säuerlichen, leicht salzigen Geschmack passt er sehr gut zu Kartoffelgerichten. Er kann aber auch mit Quark, Frischkäse und Mayonnaise vermengt, in Suppen püriert oder als Blattsalat mit Zitrone und einem hochwertigen Öl – etwa zu einem Fischgericht – gereicht werden.

Winterportulak (Montia perfoliata) – auch als Winterpostelein, Kuba-, Indianerspinat oder Tellerkraut bezeichnet – ist zwar ebenfalls ein Portulakgewächs, aber eine gänzlich andere Pflanze mit runden dunkelgrünen Blättern und einer kleinen weißen Blüte in der Mitte eines Blattes. Winterportulak wird als Salat zubereitet.

Aus Goethes Zeiten

Die fleischigen Stängel des „Porzelkrautes" bereitete man vor 200 Jahren auch als Gemüse zu: In nicht zu lange „Striemen" geschnitten und zunächst in Wasser gekocht, wurden die Stängel dazu in Weißwein und Butter geschwenkt, mit Muskat, Ingwer, Salz und Pfeffer gewürzt. Die „erwachsenen, fetten Stängel" des Portulaks legte man für Winterzeiten in Essig und Salz ein. Man gebrauchte sie wie Gurken oder als Heilmittel, galten sie doch als „eine vortreffliche Kühlung in allerley hitzigen Zuständen und cholerischen Flüssen". Nach der Blüte wurden die „alten" Blätter des Portulaks wie Spinat zubereitet. Mit Eigelb, Sahne und in Butter geröstetem Zwieback verfeinerte man das Gemüse.

Johann Wolfgang von Goethe
Silberstiftzeichnung von Schwerdgeburth, 1832

G a r t e n

Die verschiedenen Sorten des Portulaks mit ihren grünen oder gelben Blättern werden erst ausgesät, wenn kein Frost mehr zu erwarten ist. Die einjährigen Pflanzen lieben es warm und sonnig. Auf leichtem, gut durchlässigem Boden wollen sie regelmäßig gegossen und mit Kompost gedüngt werden. Schon fünf bis sechs Wochen nach der Aussaat kann geerntet werden – allerdings vor der Blüte, da die Blätter danach hart und bitter werden.

Winterportulak stellt an Standort und Boden keinerlei Ansprüche, sogar in Gefäßen mit Fertigerde gedeiht er. Von April bis Spätsommer kann die einjährige winterharte Pflanze in Folgesaaten ausgesät werden. Geerntet wird meist vor der Blüte, aber auch die blühende Pflanze ist in der Küche als Salat, in Kräutermischungen oder als Gemüse und Brotbelag zu verwenden.

Der Winterportulak besticht durch seine kleinen weißen Blüten in der Mitte seiner Blätter.

G e s u n d h e i t

Portulak „stillet den Sod, und ist in Fiebern, sonderlich aber wider Scorbut, sehr dienlich" (nach Johann Heinrich Zedlers „Universal-Lexicon"). So verwundert es nicht, dass eingelegter Portulak den Seefahrern als wichtiger Proviant diente.

Tatsächlich ist Portulak ein wahres Vitamindepot mit reichlich Vitamin C und Mineralien wie Magnesium, Kalzium und Phosphor. Es werden ihm nicht nur herz- und kreislaufstärkende Eigenschaften zugesprochen, sondern auch eine vorbeugende Wirkung gegen Arterienverkalkung. Denn heute weiß man, dass die Omega-3-Säuren den Fettspiegel im Blut senken und einer Verklumpung des Blutes entgegenwirken.

Mit heißem Wasser übergossen können die Blätter als Umschläge oder als Badezusatz verwendet werden. Die Aufgüsse wirken fiebersenkend, kühlend und schmerzlindernd. Auch bei Kopfschmerzen, Atemwegserkrankungen und Fieber wird Portulak empfohlen.

Portulak

Portulaca oleracea ssp. sativa

Portulak-Pfirsich-Salat

etwa 2 Hand voll Winterportulakblätter
4 Pfirsiche
Pfeffer, Salz, Zucker
1 EL Zitronensaft
2 EL Haselnussöl
ca. 10 g geröstete Haselnüsse
frisch gemahlener Koriander

Die Pfirsiche werden in Scheiben geschnitten und auf dem Teller angerichtet. In die Tellermitte wird der gewaschene Winterportulak gegeben.
Für die Marinade mischen Sie Haselnussöl mit Salz, Pfeffer, wenig Zucker und Zitronensaft. Kurz vor dem Anrichten geben Sie alles über den Salat. Darüber können Sie frisch geröstete Haselnüsse und den gemahlenen Koriander geben.

R e z e p t e

Tipp

Mit seinem angenehm nussig-säuerlichen, leicht salzigen Geschmack passt Portulak sehr gut zu Kartoffelgerichten.

P o r t u l a k - K a r t o f f e l - S a l a t

500 g Kartoffeln
1 Prise Zucker
2 EL Kräuteressig
1/4 l Gemüsebrühe
4 Eier
1 TL Dijon-Senf
4 EL Olivenöl
Pfeffer
1/2 Bund Schnittlauch
etwa 50 g (1 Tasse) Kräuter:
Dill, Pimpernelle, Borretsch, Melisse ...
2 Lauchzwiebeln
etwa 2 Hand voll Portulakblätter
2 EL geröstete Pinienkerne oder Erdnüsse

Die Kartoffeln werden gekocht, abgepellt und in Scheiben geschnitten. Aus Kräuteressig, Brühe, Pfeffer und einer Prise Zucker wird eine Marinade bereitet und über die Kartoffelscheiben gegeben. Die Eier werden hart gekocht. Das Eigelb nehmen Sie heraus und vermengen es mit Senf, Öl und Pfeffer. Diese Mischung wird unter die Kartoffelmasse gehoben. Danach geben Sie den Schnittlauch, die Frühlingszwiebeln und Gartenkräuter, die klein geschnittenen Eiweißstücke, die Portulakblätter und gerösteten Pinienkerne unter den Salat.

Ob Schinkenkraut, Rapunzelsellerie, Rübenrapunzel, Eier- oder Weinblume, Nachtschlüsselblume, Baumprimel oder Stolzer Heinrich – die Rapontica hört auf viele Namen.

Rapontica
Oenothera biennis

Gemeine oder Zweijährige Nachtkerze

Die auffälligen gelben Blüten der Gemeinen Nachtkerze öffnen sich erst gegen Abend.

Aus Nordamerika stammt die vielseitige Nutz- und Zierpflanze, deren Aufzucht aus Samen Überlieferungen zufolge erstmals im Botanischen Garten zu Padua im Jahre 1612 gelang. In Deutschland war Rapontica vermutlich erst hundert Jahre später – ab 1711 – als Zierpflanze bekannt. Später bauten sie preußische Bauern als Gemüse an. In der Mitte des 19. Jahrhunderts breitete sich die Pflanze entlang der Eisenbahnschienen quer über den europäischen Kontinent aus. Der Grund: Die Gemeine Nachtkerze liebt sandige Böden und sonnige Plätze. So waren besonders Schutthalden, Steinbrüche, Wegesränder und Bahndämme ideale Standorte für den „Gartenflüchtling".

Als Gemüsepflanze ist die Rapontica heute eher unbekannt. Bis zu Beginn unseres Jahrhunderts jedoch war die Wurzel mit dem leicht nussigen, sellerieähnlichen Geschmack nicht nur eine „delikate Salatspeise", sondern auch ein beliebtes Gemüse. Es bedurfte allerdings einiger Arbeit, die feinen Wurzeln zu schälen.

Im „Gartenbuch für Damen" aus dem Jahre 1857 heißt es: „Gekocht und in Verbindung mit grünem Ackersalat und mit Öl und Essig zubereitet schmeckt sie indessen vortrefflich." In Fleischbrühe gekocht war sie äußerst nahrhaft. Der Volksmund sagt, die Brühe mache so stark wie Ochsenfleisch. Doch damit nicht genug: Selbst Kaffee-Ersatz wurde aus den gerösteten Samen gewonnen. Das Öl der Samen ähnelt dem Mohnöl und wurde zum Braten, Backen und Kochen verwendet.

Wer Rapontica heute in der Küche ausprobieren möchte, sollte wissen, dass die verzweigten Wurzeln nicht einfach zu putzen sind. Aber: Probieren lohnt sich!

So können die Wurzeln als Salat mit Nüssen und Äpfeln, als Eintopf mit Möhren, Kartoffeln und Pastinaken oder als Gemüse wie Schwarzwurzeln zubereitet werden. Auch zum Überbacken und Fritieren eignen sie sich.

Rapontica

Oenothera biennis

Aus Goethes Zeiten

Wie ein Brief des Dichters aus Jena an seine Frau vom 30.3.1810 belegt, wurde Rapontica auch in Goethes Garten angebaut: „Auch lege ich Rapontica-Samen bei, davon Du die Hälfte jetzt auf ein wohlbestelltes Ländchen säen kannst, die andere Hälfte erst im Mai auf ein anderes. Wie die Pflanzen übrigens zu behandeln sind, besprechen wir noch weiter mündlich." Was Goethe und Christiane besprachen, ist jedoch leider nicht überliefert.

Gesundheit

Die **Gemeine Nachtkerze** ist eine wertvolle Heilpflanze. Den Indianern Nordamerikas galt sie als Allheilmittel, das als Tee zubereitet gegen Fettleibigkeit, Faulheit, Husten und Halsschmerzen half. Stängel, Wurzeln und Samen wirkten bei Wunden, Hautausschlägen, Prellungen und Quetschungen, aber auch gegen Durchfall, Bauchschmerzen und Asthma.

Rapontica enthält Gerbstoffe, Flavonoide und Schleimstoffe. Doch es sind vor allem die Samen, aus denen wertvolles Öl für Heilzwecke gewonnen wird. Nachtkerzenöl enthält ungesättigte Fettsäuren wie Linolsäure (71 %) und Gamma-Linolensäure (9 %) – in dieser Konzentration ist das sehr selten. Positiv wirken sich diese Stoffe auf den Zellaufbau des Menschen aus, sie schützen unser Gewebe und senken den Cholesterinspiegel. Kapseln aus Nachtkerzenöl werden bei Neurodermitis und Stoffwechselproblemen empfohlen.

Garten

Rapontica wird im April und Mai ausgesät. Im ersten Jahr bildet sich eine dichte, unscheinbare Blattrosette am Boden, im zweiten Jahr der Blütenstängel mit seiner typischen Kerze. Bis zu 1,50 Meter hoch kann die Pflanze werden. Sie blüht von Juli bis September.

Wie der Name bereits sagt, gehen die gelben Blüten erst gegen Abend auf und blühen bis zum darauf folgenden Tag. Mit ihrem ausgeprägten Duft locken sie Nachtfalter an, die gern den Nektar aus den engen Kronröhren trinken.

Die fleischig-rübenförmige Wurzel ist nur im ersten Jahr in der Küche zu verwenden. Vom Herbst bis zum Frühjahr kann sie ausgegraben werden. Treibt der Blütenstängel aus, verholzt die Wurzel und wird ungenießbar.

Raponticа liebt sandige
Böden und sonnige Plätze.

R e z e p t e

Rapontica-Wintersalat

1 kg Rapontica
1 große Zwiebel
300 g Möhren
1 Lauchzwiebel
250 g Feldsalat
Für das Dressing:
150 ml Kräuteressig (5 %)
4 EL Olivenöl
etwas Schnittlauch
Salz, Pfeffer und Zitronensaft

Die Rapontica-Knollen werden gewaschen und geschält, in dünne Scheiben geschnitten und mit den fein geschnittenen Zwiebeln, den Möhren und dem verlesenen Feldsalat vermengt. Mischen Sie alles gut mit dem Dressing – und Ihr Salat ist fertig! (Abb. rechts)

Gebackene Raponticawurzeln

300 g Raponticawurzeln
Für den Bierbackteig:
1/8 l Bier
1–2 Eier, getrennt
75 g Mehl
Salz, Pfeffer

Den Bierbackteig aus Mehl, Bier, je 1 Prise Salz und Pfeffer sowie dem Eigelb zubereiten. Das Eiweiß separat zu Schnee schlagen und unter den Teig ziehen.
Waschen und schälen Sie nun die Raponticawurzeln. Große Portionsstücke werden in kochendem Salzwasser gar gekocht, dann in den Ausbackteig getaucht und in heißem Öl goldgelb gebacken. Dazu können Sie eine Soße aus Frischkäse und Kräutern sowie Toast servieren.

Bis Anfang des 20. Jahrhunderts waren sie bekannt und beliebt – die Wilde Rauke und die Gartenrauke, auch „Zahme Rauke“ genannt. Unter Namen wie Senfkohl, Ölrauke und Raukenkohl wurde die Kulturform in den jeweiligen Regionen ebenfalls geführt.

Rauke

Gartenrauke · Eruca vesicaria ssp. sativa
Wilde Rauke · Sisymbrium officinalis

Kreuzblütler

Als Heil- und Würzkraut wurde die Rauke schon von unseren Vorfahren geschätzt. Und dennoch verschwand die Pflanze mit südeuropäischer Herkunft im Laufe der Zeit aus den Bauerngärten. So ist der „originale" Geschmack der Rauke nur zu vermuten. Die Wilde Rauke ist heute in der freien Natur auf sonnigen Mauern, Steinen und Schuttplätzen zu Hause.

Rauke

Gartenrauke · Eruca vesicaria ssp. sativa
Wilde Rauke · Sisymbrium officinalis

Als Saatgut ist mittlerweile eine Züchtung im Angebot, die Salatrauke. Als Rauke, Ruke, Rocket (England), Rucola (Italien) und Roquette (Frankreich) tritt sie heute den Siegeszug quer durch die Welt von Pizza, Pasta und Salaten an. Der nussig- und rettichartige Geschmack lässt auf Bitterstoffe und Senföle schließen. Deshalb heißt es auch, Gerichte und Beilagen mit Rauke seien appetitanregend und verdauungsfördernd.

Rauke passt hervorragend zu Eiern, Frischkäse und Quark, in Kräuterbutter oder Füllungen für Omeletts und kann ebenso, ganz italienisch, mit Balsamico-Essig und Tomaten angerichtet werden.

Aus Goethes Zeiten

Die zu Goethes Zeit in Gärten kultivierte Rauke stammt vermutlich von der Wildform ab. Sie war gleichermaßen Küchen- und Heilkraut. Man aß die Blätter, die grünen Samenschoten und gewann aus den Samen Öl. Mit zerstoßenem Samen behandelte man Quetschungen. Die Samen dienten als Gewürz. Eine wohlschmeckende Salatmischung aus Goethes Zeit: „Mische je eine Hand voll Brunnenkresse, Löwenzahn, Rauke, Löffelkraut, Sauerampfer. Es paßt auch gut Wiesenbärenklau, Giersch und Brennesseln. Wenn du willst, füge junge Radieschen hinzu. Übergieße alles mit gutem Öl und aus Äpfeln bereiteten Essig."

Gesundheit

Rauke enthält – wie Kresse, Meerrettich und Knoblauch – Senföle. Schon die alten Ägypter und Chinesen wussten um die antibakterielle Wirkung dieser Öle. In der Volksmedizin gelten Pflanzen mit Senfölen als Allheilmittel. Sie helfen besonders bei Erkrankungen der Harn- und der Atemwege und regen den Stoffwechsel an. Frische Rauke – vom Bauern oder aus dem eigenen Garten – ist reich an Vitaminen und Mineralstoffen.

Garten

Die Kulturform der **Wilden Rauke** wie auch die Gartenrauke lassen sich einfach im Garten oder im Blumenkasten auf dem Balkon anbauen. Ab April bis September wird in Folge ausgesät. Geerntet wird nach circa drei Wochen – bis zur Blüte der Pflanze. Die Rauke ist einjährig. Sie mag Sonne, auch Halbschatten, ausreichend Feuchtigkeit, aber keine nassen Füße!

Tipp

Neben den Blättern und Triebspitzen sind auch die jungen Samenschoten und Samen essbar. Die Blüten eignen sich zum Verzieren von Salaten.

Rezept

Gefüllter Raukenpfannkuchen

100 g Mehl
2 Eier
1/8 l Milch
20 g Butter
Salz, Pfeffer
100 g Rauke

Für die Füllung:
125 g Frischkäse
2 kl. Lauchzwiebeln
etwas Rauke
frische Kräuter
geröstete Pinienkerne

Das Mehl und die Eier werden mit der Milch verrührt und mit Salz und Pfeffer gewürzt. Geben Sie in die Pfanne mit der heißen Butter so viel Teig, dass ein kleiner Pfannkuchen entsteht. Darauf können Sie etwa 2 EL der fein geschnittenen Raukestreifen verteilen. Wenden Sie den Pfannkuchen, so dass er von beiden Seiten goldgelb ist. Jetzt können Sie ihn nach Herzenslust füllen. Wir empfehlen eine Mischung aus Kräutern und Frischkäse, die mit Lauchzwiebeln und etwas klein geschnittener Rauke vermengt wird. Zum Schluss können Sie geröstete Pinienkerne dazu geben. Als Füllung kann aber auch Quark oder geraspelter Käse verwendet werden.

Nicht nur die Rüben bestechen durch ihren Geschmack, auch die jungen Stiele und Blätter der Mai- oder Herbstrüben – Rübstiel oder Stielmus genannt – können wie Spinat zubereitet oder Salaten, Füllungen und Kräutermischungen zugegeben

Rübchen

Mairübe · Brassica raba var. rapa
Teltower Rübchen · Brassica campestris var. rapa
Herbstrübe · Brassica raba var. rapa

Rüben

Kohlrüben
Brassica napus var. napobrassica

Die Familie der Rüben zählt zu den ältesten Gemüsearten der Menschheit. Meist galten die derben Knollen als sogenanntes „grobes" Gemüse. Nur die kleinen feinen Rübchen – wie die Mai-, Herbst- oder Teltower Rübchen – genossen einen besseren Ruf. Sie waren seit jeher Delikatessgemüse.
Bis zum 19. Jahrhundert gehörte die Rübe zu den Grundnahrungsmitteln. Doch gleich der Pastinake wurde auch sie von der großen Konkurrentin, der Kartoffel, allmählich verdrängt. Seither stehen die dicken Wurzeln im Abseits der Speisepläne. Lediglich in den „schlechten Zeiten" unseres Jahrhunderts, in den Kriegs- und Nachkriegsjahren, waren sie ein Küchen-Multitalent. Vom Rübenzucker über Sirup, Kaffee, Suppe und Salat bis hin zum Rübenkuchen oder dem Rübengemüse wurde aus der Knolle eine wahre Vielfalt kreiert. Nur die kleineren Rübchen gerieten, zumindest in Deutschland, im Laufe der letzten Jahrzehnte vollkommen in Vergessenheit. Dagegen blieb ihr Renommee als feines Delikatessgemüse in Frankreich bis heute erhalten. Rübchen werden aber auch hierzulande hie und da wieder angeboten. Gerade der ernährungsphysiologische Wert und die „Wiederentdeckung" des besonderen Geschmacks der kleinen zarten Rübchen sind die Ursachen für den Weg dieses Gemüses zurück auf unseren Tisch.

Rübchen
Rüben

Gesundheit

Wertvolle **Mineralien** wie Kalzium, Eisen, Magnesium und Jod sind Inhaltsstoffe der Rübchen, ebenso eine Menge an Vitamin C, A und dem B-Komplex. In manchen Ländern gelten die Rübchen sogar als „Schutzgemüse", das vor Krankheiten schützt. Vor allem roh geraspelt sind sie ein wertvolles Nahrungsmittel. Durch die Inhaltsstoffe wird die Bildung neuer Blutkörperchen angeregt. Außerdem wird dem Gemüse eine günstige Wirkung auf Nervenzellen nachgesagt. Der Fettgehalt ist gleich null, dafür besitzen die Rübchen Eiweiß (etwa 2,5 %) und Kohlenhydrate (etwa 10 %).

Garten

Im **April** werden die ersten Rübchen ausgesät, und schon im Mai können sie – als Mairübchen – geerntet werden. Das Gemüse hat ein ausgesprochen helles und zartes Fleisch. Doch wie unsere Vorfahren bereits wussten, nicht unbedingt die größte Rübe ist auch die beste: „Je kleiner diese sind, für je besser hält man sie", ist es in „Der bürgerliche Haushalt" von 1844 nachzulesen.

Die Herbstrübchen sollten im Spätsommer ausgesät werden. Auch sie gedeihen am besten in lockerem, sandigem Boden. Herbstrübchen können übrigens auch im Keller eingeschlagen werden. Sie treiben im Winter aus, und Kenner bereiten aus den jungen Sprossen eine Delikatesse, die im Geschmack den Endivien ähnelt.

Auch der Rübstiel oder das Stielmus ist nicht zu verachten. Dazu kann der Rübchen-Samen dicht gesät werden. Die Sorte „Namenia" bildet keine Rübchen, sondern nur Stiele und zarte Blätter.

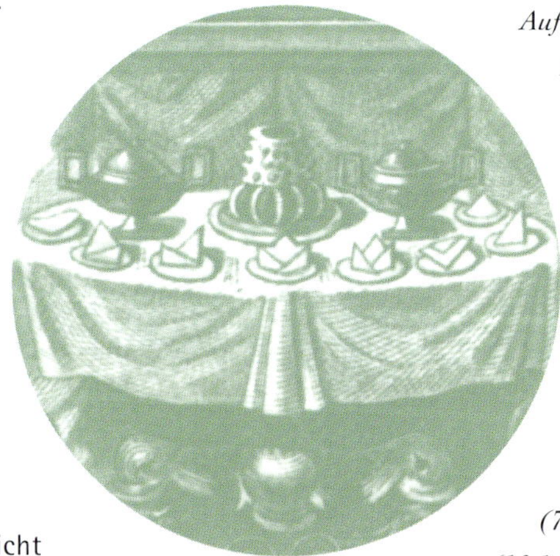

Aus Goethes Zeiten

Goethe liebte Rübchen, besonders die Teltower oder Märkischen Rübchen. Pünktlich im Spätherbst sandte der Berliner Freund Karl Friedrich Zelter (1758–1832) die „kostbaren", „köstlichen" Rübchen nach Weimar. Nur 1816 fiel die Lieferung aus: „Sie sollen dieses Jahr so wenig geraten sein, daß man Bedenken trägt, sie zu versenden" (Zelter, 2.12.1816). Indessen wusste Goethe wohl das Beste daraus zu machen: „Da die Rübchen [...] dieses Jahr mißraten, so habe die Gefälligkeit, mir einige Zander zu schicken" (Goethe, 10.12.1816). Wie Aufzeichnungen von Goethes Diener Friedrich Krause über „Goethes tägliche Tafel" vom 25. Dezember 1831 bis zum 15. März 1832 vermuten lassen, war die 1831er-Sendung sicher in Weimar angekommen. Wann und mit welchen Beilagen die Teltower Rübchen auf Goethes Tisch erschienen, ist daraus zu ersehen: Märkische Rübchen mit Coteletten (25.12. und 31.12.1831); Märkische Rübchen mit Fleischklößchen (7.1.1832); Rübchen und Zunge (10.1.1832); Märkische Rübchen, Zander (24.1.1832); Märkische Rübchen, Gans (29.1.1832); Märkische Rübchen, Salzhecht (9.2.1832). Daneben erschienen in den Aufzeichnungen auch „weiße Rüben", die neben Kohlrüben in Goethes Gärten angebaut wurden. Auf dem Speiseplan standen die weißen Rüben mit Kalbskoteletten (6.1.1832), mit Kalbsmilch (20.2.1832), mit Nierenschnitten (29.2.1832) und dreimal mit Schöpsenfleisch (Hammel).

Rezepte

Gemüse von Rübchen

500 g Rübchen
100 g Butter
1/4 l Fleisch- oder Gemüsebrühe
3 EL Zucker
Salz, Pfeffer
Kräuter: Petersilie, Kerbel, Pimpernelle

Die geschälten Rübchen in Streifen schneiden, kleine bleiben ganz. In einer Pfanne die Butter leicht bräunen, den Zucker hinzugeben und leicht karamellisieren lassen. Die Rübchen dazugeben und mit Salz und Pfeffer abschmecken. Dann wird mit Brühe aufgefüllt. Lassen Sie das Gemüse ca. 10 Minuten dünsten und geben Sie danach die Kräuter hinzu. (Abb. links)

Salat von Rübchen

ca. 10 Rübchen (je nach Größe)
1 Bund Radieschen oder 1 Kohlrabi
1/2 Fenchelknolle
2 EL Essig, 6 EL Olivenöl
1/8 l Gemüsebrühe
Salz, Pfeffer
frische Kräuter: Petersilie, Schnittlauch, Gartenkresse, Kerbel, Rübstiel/Stielmus

Die Marinade aus Essig, Öl, Brühe, den Kräutern und Gewürzen bereiten. Geben Sie geraspelte Rübchen, klein geschnittene Radieschen bzw. Kohlrabi und Fenchel hinzu. Stielmus wird fein geschnitten unter das Gemüse gemischt, das vorher gedünstet werden kann. Vermengen Sie alle Zutaten und lassen Sie den Salat gut durchziehen. (Abb. rechts)

Der Sauerampfer
war bereits im alten
Ägypten ein belieb-
tes Küchenkraut.
Als beruhigendes
und erlösendes
Mittel nach einem
allzu üppigen Mahl
und an heißen
Tagen wurde das
Wildkraut von den
alten Römern
geschätzt.

Sauerampfer

Rumex acetosa var. hortensis

Knöterichgewächse

Goethehaus am Frauenplan, Weimar
Radierung von
Samuel Rösel, 1806

„Ampfaro" bedeutet im Althochdeutschen „sauer" – so war es wohl der Geschmack, der diesem Wildkraut seinen ursprünglichen Namen gab.

Wie der Gute Heinrich, die Wegwarte und der Wegerich gehört der Sauerampfer zu den alten germanischen Pflanzen. Seit dem Mittelalter gibt es die Pflanze in kultivierter Form. Im Angebot sind heute verschiedene Arten des Gartensauerampfers: der Kleine Sauerampfer, der Rote, der Krause und der Römische Ampfer, der Alpenampfer sowie der Englische und der Französische Spinat. In Belgien, Frankreich und England ist das Knöterichgewächs so verbreitet wie hierzulande die Petersilie.

Sauerampfer

Rumex acetosa var. hortensis

Und doch hat die Wiederentdeckung des volkstümlichen „Wiesenunkrautes" und des Gartensauerampfers als wertvolle Küchenpflanzen auch in unseren Regionen begonnen. Schließlich gehören Sauerampfer-Blätter nach der Brennnessel und dem ersten Grün des Löwenzahns zu den frühesten Vitaminlieferanten der Saison.
Wie zu Goethes Zeiten wird Gartensauerampfer zu Suppen, Salaten oder Soßen verwendet. Ob frisch oder geschmort – der Sauerampfer ist gleichwohl eine Empfehlung zu Käse, Eiern, Quark oder Fischgerichten. Mit wenigen Blättern lässt sich Spinat verfeinern, und auch eine Salatmischung mit Bärlauch und anderen Frühlingssalaten ist empfehlenswert.

Zuckerdose aus dem Besitz der Goethefamilie
Geschirr aus dem kleinen Esszimmer
Goethehaus am Frauenplan

Aus Goethes Zeiten

Goethes Zeitgenossen wussten den Gartensauerampfer als „treffliches Frühjahrskräutlein" zu schätzen, weil er „zärter und von weniger Säure" als die Wildform war. Der Saft des Sauerampfers galt damals als Hausmittel. Er kam als Flecken- und Färbemittel zum Einsatz. Messing, Kupfer und Bronze wurden damit wieder richtig blank. Ebenso nutzte man ihn zur Käsebereitung, brachte der Saft doch Milch zum Stocken.

In Küchenbüchern zum goetheschen Haushalt erscheint Sauerampfer im Frühjahr eines jeden Jahres. Die Köchin kaufte ihn auf dem Markt, Gärtner und Kräuterfrauen lieferten ihn frei Haus.

Teller aus dem Besitz der Goethefamilie
Geschirr aus dem kleinen Esszimmer
Goethehaus am Frauenplan

Garten

In leichtem, tiefgründigem und gut gedüngtem Boden gedeiht Gartensauerampfer am besten. Die Staudenpflanze benötigt viel Sonne, fühlt sich aber auch an einem halbschattigen Plätzchen wohl. Bis zur Blüte können die Blätter geerntet werden. Ohne weiteres lässt sich mit dieser Pflanze im gesamten Sommer bis zu den ersten starken Frösten ein nährstoffreiches Vitamindepot kultivieren – sogar im Blumenkasten. Abgesehen davon, dass die schönen Blätter bis in den November hinein sehr dekorativ wirken.

Vorsicht: Beim Sammeln auf der Wiese sollten Sie darauf achten, den Wilden Sauerampfer nicht mit dem giftigen Aronstab zu verwechseln. Dafür knicken Sie am besten ein Blatt, denn nur die echten Sauerampferblätter lassen sich knackend teilen. Sie können auch ein winziges Stück des Blattes kosten. Der säuerliche Geschmack ist unverkennbar.

Gesundheit

Sauerampfer war schon im Mittelalter bekannt für seine kühlende und blutreinigende Wirkung. Er wurde früher als Heilmittel gegen Fieber und Nierenbeschwerden verwendet.
Weiterhin ist bekannt, dass die Blätter als Kompresse Akne und ähnliche Hautleiden lindern. Aus den Wurzeln kann auch ein Tonikum hergestellt werden. Die Bitterstoffe sollen bei Durchfall wirken.
Aber der Sauerampfer hat nicht nur heilende Wirkung. Durch seinen hohen Anteil an Vitamin C ist er gleichzeitig ein ideales Frühjahrskraut. Vitamin A und Eisen sind ebenfalls in der Pflanze enthalten.
Sauerampfer enthält wie Rhabarber und Spinat viel Oxalsäure, die dem Körper Kalzium entzieht, in geringen Mengen aber unbedenklich ist. Deshalb ist es ratsam, Sauerampfer-Gerichte mit Milch, Sahne, Eiern oder Käse zu kombinieren.

Sauerampfer

Rumex acetosa var. hortensis

Rezepte

Sauerampfer-Suppe

ca. 500 g Sauerampfer
2 EL Mehl
50 g Butter
1 l Fleischbrühe
1/4 l Sahne
3 gekochte Kartoffeln
Salz, Pfeffer
1 Brötchen

Die groben Stiele der Blätter sollten zuerst entfernt werden. Dann wird der Sauerampfer kurz blanchiert, in einem Sieb abgetropft und klein geschnitten. Aus Butter und Mehl wird eine Schwitze bereitet, die mit Fleischbrühe aufgefüllt wird. Geben Sie die gekochten, gewürfelten Kartoffeln und den Sauerampfer hinzu. Die Suppe muss wenige Minuten köcheln. Nach Bedarf kann sie mit Eigelb und Sahne sowie frischen Kräutern vermengt und auch püriert werden. Wenn Sie mögen, können Sie die Blütenblätter von Gänseblümchen abzupfen und als Dekoration verwenden.

Früher wurde die Sauerampfersuppe mit hellem Brot serviert. Dazu wurde ein Brötchen in dünne Scheiben geschnitten, in Butter goldgelb geröstet, in eine Terrine gegeben und mit der Suppe übergossen.

Sauerampfer-Schinken-Käse-Röllchen

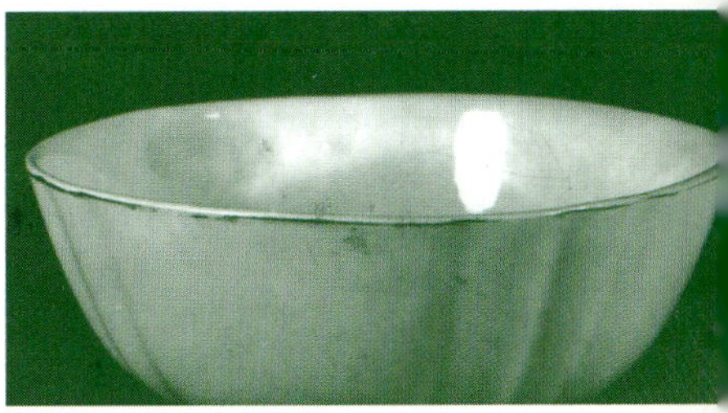

Schüssel aus dem Besitz der Goethefamilie
Geschirr aus dem kleinen Esszimmer
Goethehaus am Frauenplan

ca. 20 schön geformte, große Sauerampferblätter
5 Scheiben Saftschinken
Käse nach Wahl: Camembert, Mozzarella, Ziegenkäse ...
Kräutermischung
2 EL Mehl
1 Ei
50 g Semmelmehl

Die Sauerampferblätter werden kurz blanchiert und sofort in kaltes Wasser gelegt, damit die grüne Farbe erhalten bleibt. Dann werden von den gut abgetropften Blättern die Blattstiele entfernt. Sie können 2-3 Blätter fächerförmig nebeneinander legen, so dass eine längliche Form der Blätter entsteht, die sich gut einrollen lässt.
Danach werden die Blätter mit Saftschinken und Käse belegt sowie mit den gemischten Kräutern bestreut. Geeignet sind Oregano und Dill, aber auch Pimpernelle und Kerbel. Nun können Sie die Blätter einrollen. Die fertigen Rollen werden erst in Mehl gegeben, danach in geschlagenes Ei und anschließend in fein gesiebtem Semmelmehl paniert. Dann werden sie in Öl ca. 1 Minute ausgebacken. Fertig! Zum Anrichten schräg anschneiden und auf Toast mit frischer Kresse servieren.

In „Urgroßmutters Kochbuch", das auch Rezepte der Goethefamilie enthält, findet sich folgende „Sauerampfer-Sauce": „Man muß den Sauerampfer anschmoren, ein wenig Mehl, etwas Fleischbrühe, vier Eigelb, ein klein wenig Essig, dies alles wohl gerührt, bis es gut ist."

Die langen Triebe des Erdbeerspinats mit seinen dunkelgrünen Blättern und den leuchtend roten Beeren sind ein attraktiver Schmuck in Gemüse- und Blumenbeeten, aber auch in Kübeln und Balkonkästen.

Spinat

Spinacia oleracea

Neuseeländer Spinat · Tetragonia tetragoniodes
Erdbeerspinat · Chenopodium capitatum
Guter Heinrich, Gemeiner Gänsefuß ·
Chenopodium bonus-henricus

Gänsefußgewächse

Guter Heinrich
Chenopodium bonus-henricus

Spinat ist gesund, das weiß jedes Kind, auch wenn man oft erst als Erwachsener seinen charakteristischen Geschmack zu schätzen weiß.

Die Spinatpflanze, die ursprünglich aus dem Orient stammt, wurde von den Arabern in Spanien eingeführt. Von dort verbreitete sie sich in ganz Europa, wo heute noch der Wilde Spinat, auch Gemeiner Gänsefuß oder Guter Heinrich genannt, zu finden ist.

Spinat

Spinacia oleracea

In Deutschland ist die Spinatpflanze seit dem Mittelalter bekannt und in der Küche beliebt. Spinatklöße und -strudel, Spinatsoufflé, -püree und -suppe waren früher verbreitete Gerichte. Als Gemüse wurde das schmackhafte Gänsefußgewächs zu verlorenen oder hart gekochten Eiern, zu Fleischklößchen, gebratenen Würstchen, zu „Cotelettes" und „armen Rittern", in Milch und Ei eingeweichte und angegebratene Weißbrotscheiben, gereicht. Auch spinatähnliche Blattgemüse wie der Neuseeländer Spinat (Tetragonia tetragoniodes) und der Erdbeerspinat (Chenopodium capitatum) waren schon damals verbreitet. Ohne Zweifel hatten sie einen weitaus höheren Stellenwert als heutzutage, wurden in alten Kochbüchern doch unzählige Spinatgerichte mit den unterschiedlichsten Geschmacksrichtungen empfohlen. Eines sollte man unbedingt von „früher" beachten: „Gemüse sind nur dann vollendet, wenn man nicht zu viel Mehl verwendet. Gemüse sind nicht nur Zugaben. Sie müssen Selbstbedeutung haben", ist in einem historischen Kochbuch nachzulesen.

Der Neuseeländer Spinat kam mit Kapitän Cook im Jahr 1772 nach Europa. Er hat dickfleischige Blätter, die sich an den rankenden Trieben den ganzen Sommer über bilden.

In Deutschland ist das

vitaminreiche Gewächs

seit dem Mittelalter bekannt.

Aus Goethes Zeiten

Spinat wurde über Jahre auch in Goethes Garten angebaut. Zeitgenössische Gartenbücher empfahlen, niemals Mangel an dem „guten Zugemüse“ aufkommen zu lassen. Daneben gebrauchte man damals eine Reihe spinatähnlicher Blattgemüse in der Küche: Melde, Amaranth (grüner Fuchsschwanz), Kubaspinat (Winterportulak), Erdbeerspinat und viele mehr. „Dessen Frucht“, so beschreibt es Zedlers „Großes vollständiges Universal-Lexicon“, „hat Gestalt wie eine Erd- oder Brombeere [...], angenehmen Geruch und Wein-hafftigen Geschmack.“ Daraus bereitet man mit Wein, Zimt, Nelken und Zucker ein Kompott.

Ein Gemüse von Spinat und Lattich (Gartensalat) wird wie folgt bereitet: „Beide Gemüse kocht man kurz, zerhackt sie fein, gibt feinen Weinessig und Fleischbrühe sowie ein Stücklein Butter hinzu. Man würzt mit Salz, Pfeffer, Muskat und einer Handvoll Korinthen.“

Spinat

Spinacia oleracea

Gesundheit

Auch für diese Pflanze gilt: Spinat ist nicht gleich **Spinat**. Die Fülle der Nährwerte richtet sich nach dem Anbau. Frischer Freilandspinat enthält hochwertiges Eiweiß und vor allem viel Vitamin C, Carotin und überdurchschnittlich viele Mineralien wie Kalzium, Magnesium, Eisen und Phosphor. Deshalb werden dem Gemüse wachstumsfördernde und knochenstärkende Eigenschaften zugeschrieben. Zudem enthalten die Blätter Folsäure, die sich günstig auf die Erneuerung unseres Blutes auswirkt. Weiße und rote Blutkörperchen können dadurch besser gebildet werden. In geringen Mengen ist ebenfalls Vitamin E enthalten. Auch die Enzyme, Chlorophyll, Jod und Schwefel sind äußerst positiv für das Immunsystem. Die zarten, frischen Blätter eignen sich ebenfalls als Diätgemüse für Magen- und Darmkranke.

Durch übermäßige chemische Düngung kann Spinat reich an Nitrat sein, das im Körper gesundheitsschädliche Nitrite bilden kann. Spinat sollte deshalb nicht öfter als zwei- bis dreimal die Woche auf den Tisch kommen und auch nicht aufgewärmt werden. Bei selbst angebautem Freilandspinat ohne hohe Stickstoffdüngergaben oder Spinat vom Biobauern ist nichts zu befürchten.

Garten

Spinat liebt es sonnig oder halbschattig und fühlt sich auf lockerem, mit Kompost vermischtem Erdreich besonders wohl. Trockenheit und Staunässe mag er dagegen nicht. Auch will er nicht an einem Platz stehen, wo schon zuvor Spinat oder seine „Verwandten" standen.

Unter Folie kann Sommerspinat bereits ab Mitte März ausgesät werden, im Freiland von April bis Ende Mai. Geerntet wird sechs bis acht Wochen nach Aussaat. Winterspinat wird ab August ausgesät und zehn bis zwölf Wochen später geerntet.

R e z e p t

Tipp

Geben Sie reichlich Zitrone an Spinatgemüse oder -salat, um die Bildung von Nitrosaminen zu verhindern.

Spinatpudding

500 g Spinat
40 g Petersilie
2 Schalotten
200 g Butter
4 Brötchen
1/4 l Milch
8 Eier
80 g Mandeln
Salz, Pfeffer, Muskat

Die Brötchen werden zuerst in Milch eingeweicht. Unterdessen können Sie den Spinat blanchieren, fest ausdrücken und klein hacken. Klein geschnittene Petersilie und Schalotten werden in der Butter angeschwenkt. Die Brötchen werden ausgedrückt, mit Eigelb, Salz, Pfeffer und Muskat vermengt und zu der Masse aus Petersilie und Spinat ge-geben. Sie können übrigens auch gemahlene oder klein geschnittene Mandeln dazugeben. Das Eiweiß wird geschlagen und der Schnee vorsichtig untergehoben.
Der „Pudding" wird nun in einer Auflaufform gegart, die Sie am besten vorher ausbuttern. Geben Sie die Masse hinein und garen Sie alles ca. 30 Minuten im Wasserbad. Dazu passt eine Spargelsoße, die Sie mit etwas klein gehacktem Spinat färben können.

Die gelben, sonnen-
blumenähnlichen
Blüten sind das
Markenzeichen
der Topinambur.
Tatsächlich ist sie
eine Verwandte
der Sonnenblume.

Topinambur

Helianthus tuberosus

Sonnenblumengewächse

Topinambur erhielt seinen Namen irrtümlicherweise nach sechs brasilianischen Tupinamba-Indianern, die 1613 in Paris weilten. Da man annahm, Brasilien und Kanada liege nahe beieinander, benannte man die neue Knolle aus Kanada kurzerhand nach ihnen. Weil sie im Geschmack an eine Artischocke erinnert, wurde sie später auch als „Erdartischocke" bezeichnet.

Ihren Ursprung hat die Topinambur-Knolle in Nordamerika. Erst um 1616 brachten französische Reisende das Gemüse nach Europa, wo es als Beilage, zu Suppen, Aufläufen oder Eintöpfen verwendet wurde. Am Hofe Ludwig XIV. kannte man neben den bekannten Gemüsen auch Topinambur, Pastinaken und Römische Bohnen.

Topinambur

Helianthus tuberosus

Beliebtheit war der ergiebigen Knolle nur kurze Zeit vergönnt. Schon im 19. Jahrhundert wurde sie von einer anderen verdrängt. Diese ließ sich einfacher lagern, verarbeiten und sollte sich bald in allen europäischen Regionen durchsetzen: die Kartoffel. Seitdem fristete das Topinambur-Gemüse ein Außenseiter-Dasein. Nur die Bauern und Jäger wollten auf die Knolle nicht verzichten. Sie wurde dem Vieh verfüttert und auf Wildäckern gepflanzt, denn vor allem Rehe und Wildschweine werden von den stärkehaltigen Knollen angelockt.

Heute erobert sich Topinambur den Stellenwert vergangener Zeiten zurück. Sie zu schälen scheint beim ersten Blick aufwendig, doch sie lässt sich leichter verarbeiten als gedacht. Kurz blanchiert, kann die dünne Schale mühelos entfernt werden. Als Rohkost oder gedämpft als Gemüse in jeglicher Form ist Topinambur sehr zu empfehlen. Auch der frisch gepresste Saft ist genießbar. Ansonsten wird die Erdbirne, wie sie auch genannt wird, wie ihr Konkurrent – der Erdapfel – verwendet.

Aus Goethes Zeiten

Die Erdbirnen waren zu Goethes Zeit auch feines Gemüse für den Tisch des Herrn und wurden als Püree oder Gemüse mit verschiedenen Soßen zur Tafel gebracht: mit Butter-, Zitronen-, Brauner oder Weißer Kraftsoße. Dazu reichte man Schöpsenfleisch (Hammel), Coteletten oder gebratene Würstchen aus Schweinefleisch.

Tipp

Geben Sie die geschälten und geschnittenen Knollen in Zitronen- oder Essigwasser, damit sich das Gemüse nicht verfärbt. Dann können Sie das Gemüse kurz abtropfen lassen und in heißem Öl goldgelb anbraten. Zum Schluss mit Salz und Pfeffer würzen.

Garten

Topinambur gehört zu den Sonnenblumengewächsen und ist eine Verwandte der Sonnenblume. Bis zu drei Meter Höhe kann die Pflanze mit ihren charakteristischen gelben Blüten im Sommer erreichen. Sie gedeiht am besten im nährstoffreichen Boden, benötigt Platz und breitet sich schnell aus. Die Saatknollen kommen im Frühjahr in den Boden. Im Herbst werden die Stängel abgeschnitten. Die Knollen bleiben bedeckt und können ab Spätherbst bis zum nächsten Frühjahr geerntet werden: Denn das Gemüse ist kälteunempfindlich. Wichtig ist, dass die Knollen frisch aus dem Boden kommen, bevor sie zubereitet werden. Die dünne Schale macht eine Lagerhaltung über mehrere Wochen leider nicht möglich. Mittlerweile sind verschiedene Sorten im Angebot.

Gesundheit

Topinamburknollen enthalten Vitamine, Kalzium, Eisen und Phosphor. Etwa ein Fünftel sind Kohlenhydrate. Der überwiegende Teil davon Inulin, das vom Körper in Fruchtzucker aufgespalten wird. Das Gemüse ist idealer Kartoffel-Ersatz für Diabetiker. 100 Gramm Topinambur können ohne Anrechnung auf die Tagesnorm täglich von Diabetikern verzehrt werden.

Auch als Nieren- und Gallenreiniger wirkt sich das Inulin positiv aus und beschleunigt zudem Körperausscheidungen wie Schnupfensekret. Selbst für Diätpläne wird zu Topinambur geraten. Die gesunde Pflanze hat eine appetithemmende Wirkung. Aber das soll Sie nicht davon abhalten, unser Rezept auszuprobieren.

Rezept

Topinambur-Taler

1 kg Topinambur
1 Möhre
1 Lauchzwiebel
2 Eier
Salz, Pfeffer
1 EL Stärkemehl
frische Kräuter wie Petersilie
Olivenöl zum Braten

Die Topinamburknollen werden geschält und geraspelt, ebenso die Möhre. Mischen Sie zu den beiden Gemüsen den klein geschnittenen Lauch und frische Kräuter nach Wahl. Dann kommen die geschlagenen Eier und das Stärkemehl hinzu. Zum Schluss wird gewürzt. Backen Sie im erhitzten Olivenöl kleine Taler aus. Von beiden Seiten sollten sie goldbraun sein. Die Topinambur-Taler passen zu deftigen Fleischgerichten.

Epilog

In der „Zweiten Epistel", einem im Dezember 1794 entstandenen Briefgedicht in Versen, singt Goethe ein Loblied auf die unermüdlich um Garten, Küche und Keller besorgte Hausfrau:

„Alles, was ihr die Jahreszeit gibt, das bringt sie beizeiten dir auf den Tisch und weiß mit jeglichem Tage die Speisen klug zu wechseln, und reift nur eben der Sommer die Früchte, denkt sie an Vorrat schon für den Winter. Im kühlen Gewölbe gärt ihr der kräftige Kohl

und reifen in Essig die Gurken; aber die luftige Kammer bewahrt ihr die Gaben Pomonens […]

Wünscht sie dann endlich zu lesen, so wählt sie gewißlich ein Kochbuch, deren Hunderte schon die eifrigen Pressen uns gaben."

(aus der Weimarer Ausgabe I, 1, S. 103)

Erntetabelle

	Aussaat/Pflanzung
Artischocke	März (Gewächshaus) – ab Mitte Mai (Pflanzung ins Freiland)
Bärlauch	August–Februar (braucht Frost zum Keimen)
Brennnessel	Samen aus der freien Natur
Cardy	ab Februar (Gewächshaus) – ab Mitte Mai (Pflanzung ins Freiland)
Dicke Bohne	ab Februar – Folgesaaten bis Anfang Juni
Gartenmelde	März/April – Folgesaaten bis August/September – ab Oktober Herbstaussaat
Kresse	Brunnen- und Gartenkresse: ab März – Kapuzinerkresse: ab Mitte Mai
Kürbis	ab Anfang März (Gewächshaus) – ab Mitte Mai (Aussaat/Pflanzung Freiland)
Löwenzahn	März/April oder August/September
Mangold	Blattmangold: April/Mai – Stielmangold: April–Juni
Pastinake	März/April
Portulak	ab Mitte Mai – Winterportulak: April–September/Mitte September–März
Rapontica	April/Mai
Rauke	April–September (Wilde/Gartenrauke) – im Gewächshaus ganzjährig
Rübchen	Mairübchen: Mitte März–Anfang April – Teltower Rübchen: Anfang–Mitte August Herbstrübchen: Ende Juli–Anfang August
Sauerampfer	April–Juni – Folgesaaten von Juni–August
Spinat	Sommerspinat: Februar–April – Winterspinat: August–November
Topinambur	Anfang April oder September/Oktober (Topinamburknollen)

Ernte

Ende Juni–Spätherbst (je nach Lage)

April–Mai (bis zur Blüte)

zeitiges Frühjahr bis zum Frost (junge Triebe und Blätter)

Bleichen ab September – Ernte 3–4 Wochen später (bis zum Frost)

Mai–Herbst (ca. 100 Tage Kulturdauer)

Mai bis zum Frost (wenn die Stängel durchtreiben und die Pflanzen 20–30 cm hoch sind)

Brunnenkresse: 4 Wochen nach Aussaat – Gartenkresse: ganzjährig – Kapuzinerkresse: Frühsommer

Sommerkürbisse werden unreif, Winterkürbisse ausgereift im Spätherbst geerntet

wenn die Blätter 10–15 cm lang sind – Wilder Löwenzahn: zeitiges Frühjahr bis zur Blüte

Blatt- und Stielmangold: ab Juni

Oktober–Frühjahr des nächsten Jahres

5–6 Wochen nach Aussaat (bis zur Blüte) – Winterportulak: mehrmalige Ernten möglich (meist bis zur Blüte)

Herbst des 1.–Frühjahr des 2. Jahres (Wurzel)

nach 3–5 Wochen (wenn die Blätter 5–10 cm hoch sind)

Mairübchen: nach 4–6 Wochen – Teltower Rübchen: Oktober/November
Herbstrübchen: nach 6–8 Wochen

wenn die Pflanze 5 Blätter entwickelt hat (bis zum Frost)

ganzjährig (bei ausreichenden Folgesaaten und Abdeckung im Winter)

ab Oktober über den gesamten Winter

Blanka Weber ist als freie Journalistin für den Mitteldeutschen Rundfunk tätig. Besonders die Gespräche mit der Thüringer Gärtnerin Gertraud Aepfler, die über viele Jahre Goethes Gärten betreute, veranlassten sie zu diesem Projekt: Zusammen mit Carola Sedlacek, Wolfgang Heikel und anderen historisch interessierten Pflanzenfreunden wurde der Verein „Rapontica. Gemüse und Kräuter der Goethezeit e. V." gegründet, eine Fernsehserie für das „Thüringen-Journal" des MDR initiiert und dieses Buch geschrieben.

Carola Sedlacek arbeitet als Museumspädagogin im Goethe-Nationalmuseum. Seit Jahren recherchiert die Historikerin in Goethes Briefen, Tagebüchern und Haushaltsrechnungen. Als begeisterte Hobbyköchin probierte sie natürlich Rezepte mit seltenen Gemüsesorten selbst aus.
Die Rezepte in diesem Buch wurden von Wolfgang Heikel, Küchenmeister im Weimarer Hotel „Dorotheenhof", nach historischen Kochbüchern zusammengestellt und heutigen Essgewohnheiten angepasst.

Das Design-Studio 88 hat es sich unter der Projektleitung von Sabine Ostholt zur Aufgabe gemacht, das außergewöhnliche und vielschichtige Thema entsprechend anspruchsvoll umzusetzen.

Neben den sehr atmosphärischen Pflanzenfotografien und der freie Formen unterstützenden Typografie liegen in einer weiteren durchscheinenden Ebene Zeichnungen und Druckgrafiken aus den Archiven der Stiftung Weimarer Klassik. Sie versinnbildlichen die weitreichende Beschäftigung Johann Wolfgang von Goethes mit der Pflanzenwelt. Denn Goethe gelang es in seiner naturwissenschaftlichen Arbeit der Lehre von der Metamorphose der Pflanze, entscheidende Impulse zu geben. Die hinterlegten Zeichnungen und Druckgrafiken sind dementsprechend, gleichsam einer Hommage, zum größten Teil Auszüge aus Illustrationen zu Goethes Schriften über die Metamorphose und stellen dabei meist idealisierte Pflanzenentwicklungsstufen dar.

Hotel Dorotheenhof Weimar

Das einstige Anwesen des Rittmeisters Carl von Kalckreuth liegt idyllisch im eigenen Park und doch der Stadt ganz nah.
Es erwarten Sie 60 behagliche Zimmer, Sauna, Solarium, Dorotheensaal, Schlemmerrestaurant, Kaminstube, Bibliothek, Tagungsräume, Sommerterrasse und ein Kräutergarten.
Neben der genußvollen thüringer Küche verwöhnt der Küchenmeister des Hauses seine Gäste mit
»Historischen Tafelfreuden im Dorotheenhof zu Weimar«,
einem wohlanständigen Gastmahl in fünf Aufsätzen für Freunde einer wohlbesetzten Tafel. Die Speisenfolge wird nach Rezepten der Goethezeit unter Verwendung vergessener Gemüse und Kräuter zubereitet.

Top Hotel Dorotheenhof Weimar

Dorotheenhof 1 • 99427 Weimar • Telefon: 03643 / 4590 • Fax: 03643 / 459200

Internet: www.dorotheenhof.com • e-mail: info@dorotheenhof.com

Literaturnachweis

Adam, Cornelia: Die Kürbisküche. Über 100 internationale Koch- und Backrezepte mit einer kleinen Kürbiskunde. W. Heyne Verlag: München 1997

Bommert, Wilfried; Holtermann, Dirk; Klemme, Brigitte: Delikatessen am Wegesrand. Hinsehen, Abpflücken und Aufessen – Wildkräuter mit anderen Augen gesehen. Walter Rau Verlag: Düsseldorf 1995

Das große Kräuterbuch der Gesundheit. Gondrom Bindlach: 1994

Kiel, Martina: Kürbis, Mangold & Co. Neue Rezepte für alte Gemüse. Gräfe und Unzer: München 1996

Klemme, Brigitte; Holtermann, Dirk: Unkräuter zum Genießen. Noch mehr Delikatessen am Wegesrand. Walter Rau Verlag: Düsseldorf 1996

Messerli, Karin: Rucola, Bärlauch, Löwenzahn. Die besten Rezepte. AT Verlag: Aarau/Schweiz 1998

Münzing-Ruef, Ingeborg: Kursbuch gesunde Ernährung. Die Küche als Apotheke der Natur. Zabert Sandmann: München 1995

Pütz, Jean; Pohl, Monika; Müller, Dieter: Traditionelle Gemüse und Kräuter. Mit Rezepten von Drei-Sterne-Koch Dieter Müller. Hobbythek. vgs: Köln 1998

Redden,Gabriele: Vergessene Gemüse. Traditionelle Gemüsearten für Genießer neu entdeckt. Mosaik/VVA: München 1996

Rosenfeld, Christel: Gemüse. Schön. Frisch. Zart. Jung. Kochen auf einfache Art. DuMont: Köln 1997

Spencer, Colin: Von Artischocke bis Zucchini. Die frische Gemüseküche. DuMont: Köln 1996

Historische Quellen

Blotz, J. F.: Die Gartenkunst. Voss & Compagnie: Leipzig 1795

Franz, Günther (Hg.): Geschichte des deutschen Gartenbaus. Deutsche Agrargeschichte, Bd. 6., E. Ulmer: Stuttgart 1984

Goldgrube für Hausväter und Hausmütter. Bernhard Friedrich Vogt: Ilmenau 1825

Landwirtschaftliches Wunderbüchlein oder 225 entsiegelte Geheimnisse. Bautzen

Rumohr, Karl Friedrich von: Geist der Kochkunst. Insel: Frankfurt am Main 1974

Scheibler, Sophie Wilhelmine: Allgemeines deutsches Kochbuch für bürgerliche Haushaltungen. Carl Friedrich Amelang: Berlin 1819

Schmidlin, Eduard: Die bürgerliche Gartenkunst. Hoffmann'sche Verlags-Buchhandlung: Stuttgart 1852

Schoppe, Amalie: Die bürgerliche Kochkunst in ihrem ganzen Umfange. Friedrich Frommann: Jena 1844

Taschenbuch auf das Jahr 1795 für Natur- und Gartenfreunde. J. G. Cotta'sche Buchhandlung: Tübingen

Taschenbuch auf das Jahr 1802. J. G. Cotta'sche Buchhandlung: Tübingen

Zedler, Johann Heinrich: Großes vollständiges Universal-Lexicon aller Wissenschafften und Künste [...]. Leizig und Halle 1732–1750

Bild- und Quellennachweis

Fotovermerke nach Seiten, Anordnung im Layout: o. = oben, m. = Mitte, u. = unten, l. = links, r. = rechts

Fotodesign Carlo Bansini: Titelfoto, Rezeptfotos, Fotos 4, 16 m., 17 o., 18 r., 21 l., 53 u., 62 m., 79 l., 80 m., 88, 92–93, 94, 97, 107 o., 108 m., 109 m., 110, 120 l.; MDR: 5, 120 r.; mein schöner Garten/G. Fischer: 47 l., 50 r., 53 u., 100; mein schöner Garten/Roy Kieferle: 60, 67 r.; mein schöner Garten/A. Kögel: 49 o. r.; mein schöner Garten/Goedler: 49 m. l.; mein schöner Garten/Roland Krieg: 17 u., 18 m., 22, 23, 24 r., 26, 46, 47 o., 49 u. r., 54, 55, 56, 57, 58/59, 62 l., 62 r., 63 u., 69 o., 70, 71 o., 72, 78, 96, 101 m., 104, 112 m., 113, 114 o.; mein schöner Garten/A. Matthes: 38 u. l.;mein schöner Garten/J. Stork: 28, 47 u., 61, 63 o. r., 66 o., 89, 91 o.; Marion Nickig: Fotos 15, 40, 41 o., 44–45, 48 u., 49 o. l., 49 m. r., 49 m. m., 49 u. l., 49 u. m., 54 l., 68, 69 u., 71 o., 72, 79 r., 82 m., 82–84, 85, 86 m., 87 o., 93 o. l., 93 o., 94, 95 o., 103 m., 106, 107 m., 108 u., 108 o., 112, 114 r.; Reinhard-Tierfoto: 36 u., 37 o., 38 u. r., 63 o. l.; Stiftung Weimarer Klassik: 34 o.; Stiftung Weimarer Klassik, Goethe-Nationalmuseum: Fotos 8, 9, 10–14, 16 o., 20 o., 24 u., 30 m., 36-37, 38 o., 43 o., 59 u., 64 m., 74 u., 98, 101 o., 102, 103 o., 105 o., 109 o., 116, 117; Hintergrundbilder 17, 19, 21, 23, 27, 30-31, 32, 33 r., 35, 38, 41, 42, 44, 47, 48, 50, 52, 53, 57, 58, 64, 65, 66, 71, 73, 79, 80, 81, 82, 84–85, 86, 90, 94, 101, 103, 104, 109, 111, 113, 114; Stiftung Weimarer Klassik, Goethe-Schiller-Archiv: Hintergrundbilder 10, 14, 34, 55; 56, 61, 72, 75, 76, 86; Fotografinnen aller Bilder der Stiftung Weimarer Klassik: Sigrid Geske, Angelika Kittel; Max F. Wetterwald: 27 l., 29, 30 o., 32 m., 33, 34 l., 74–75, 76 o., 77 o.

Hintergrundbilder und Illustrationen

9, 36–37: Früchte der Gartenbohne (Phaseolus vulgaris), an denen die Spiraltechnik vorwaltet. Aquarell von Eduard Stark, 1830, aus der Mappe „Zehn kolorierte Handzeichnungen zur Erläuterung der Metamorphose der Pflanzen nach Goethe"; 10: Schloss Belvedere, Blumengestell; 14, 21, 34, 41, 86: Rechnung des Hofgärtners Ferdinand Herzog; 14, 38, 65: Keimpflanzen, Aquarell aus dem „Portefeuille zur Metamorphose", um 1785/86; 16, 24: Christiane Vulpius, Kreidezeichnung von Friedrich Bury, 1800; 19: Johann Wolfgang von Goethe, Silberstiftzeichnung von Schwerdgeburth, 1832; 20, 24: Johann Wolfgang von Goethe, Kreidezeichnung von Friedrich Bury, 1800; 19, 23, 33, 44, 48, 52, 53, 58, 66, 73, 79, 80, 101, 104, 111, 113, 114: Kupferstich von F. Plée (1837) nach Pierre-Jean Francois Turpins Illustrationen zu Goethes Metamorphosenschrift, 1804; 30, 47, 98: Johann Wolfgang von Goethe, Silhouette ganze Figur um 1780; 30/31: vermutlich Taubnessel aus dem Corpus der Goethezeichnungen, Feder/Tinte; 32: Schlitzblattkarde (Dipsacus lacitinus L.); S. 5, 42, 57, 102: Johann Wolfgang von Goethe. Silhouette Bruststück von J. C. T. Starke, um 1785; S. 42: Pflanzenstudie Klette aus dem Corpus der Goethezeichnungen, Feder/Tusche; S. 50: Zeichnung Malve aus dem Corpus der Goethezeichnungen, Bleistift; S. 38, 55, 56, 61, 76: Studien zu Blattformen, Zeichnungen von Johann Wolfgang von Goethe; S. 59, 98, 109: Ausschnitt aus dem Titelblatt von Sophie Wilhelmine Scheibler (Hg.): Allgemeines deutsches Kochbuch für bürgerliche Haushaltungen [...]. Carl Friedrich Amelang: Berlin 1819; S. 64: Johann Wolfgang von Goethe, Büste von Gottlieb Klauer, 1779; S. 10, 74: Johann Wolfgang von Goethe, Ölgemälde von Angelika Kauffmann, 1787/88; S. 80/81: „Grundriss von dem Garten und Wohn-Gebäuden des Herrn geheime Rath von Göthe, nebst dem Wachhaus A, dessem Hof B, dem Spritzenhaus C und zwey Bürgerhäusern D", um 1792; S. 81, 114: Johann Wolfgang von Goethe, ganze Figur in Kavalierstracht, um 1780; S. 75, 82: Keimung Ricinus aus dem Corpus der Goethezeichnungen, Bleistift; S. 84/85: „Plan von der Fürstlich Sächsischen Residenzstadt Weimar, Ausschnitt mit Goethes Garten. Aufgenommen von Franz Ludwig Güssefeld, 1782, gezeichnet von Daniel Wilhelm Brunnquell, 1783; S. 90: Christiane Vulpius, Bleistift/schwarze Kreide, Zeichnung von Johann Wolfgang von Goethe, 1788/89; S. 94: Auf der Treppe zum Hausgarten, Radierung von Karl Wilhelm Lieber, 1793/98; S. 103: Sauerampfer (Rumex) aus dem Corpus der Goethezeichnungen, Bleistift; S. 109: Pflanzenstudie aus dem Corpus der Goethezeichnungen, Bleistift

Anmerkung der Redaktion
Diesem Buch liegt die im Juli 1996 in Wien beschlossene und ab 1. August 1998 geltende Neuregelung der deutschen Rechtschreibung zu Grunde.

Hinweis
Das vorliegende Buch ist sorgfältig erarbeitet worden. Dennoch erfolgen alle Angaben ohne Gewähr. Weder Autoren noch Verlag können für eventuelle Nachteile, die aus den im Buch gemachten praktischen Hinweisen resultieren, eine Haftung übernehmen.

Dieses Werk einschließlich aller seiner Teile ist urheberrechtlich geschützt. Jede Verwertung außerhalb der engen Grenzen des Urheberrechtsgesetzes ist ohne Zustimmung des Verlages unzulässig und strafbar. Das gilt insbesondere für Vervielfältigungen, Übersetzungen, Mikroverfilmungen und die Einspeicherung und Verarbeitung in elektronischen Systemen.

© 1999 Hampp Verlag GmbH, Studio 88 GmbH

Herausgeber: MDR LANDESFUNKHAUS THÜRINGEN
Gestaltung: Studio 88, Dresden
Autoren: Carola Sedlacek, Blanka Weber
Redaktion Hampp Verlag: Mirjam Karasek
Redaktion MDR: Benedikt Otto, Jörg Heiß
Gesamtherstellung: Hampp Verlag, Stuttgart/Erfurt
Druck und Bindung: Neue Stalling, Oldenburg
Repro: Bild und Text GmbH Baun, Fellbach
Printed in Germany

ISBN 3-930723-26-3